QUEIMADURAS

Hubert Colas

QUEIMADURAS

Tradução: Jezebel De Carli

A descoberta de novos autores e novas dramaturgias é a alma do projeto artístico que estamos desenvolvendo em La Comédie de Saint-Étienne desde 2011. Defender o trabalho de autores vivos e descobrir novas peças teatrais significa construir os clássicos de amanhã. Graças ao encontro com Márcia Dias, do TEMPO_FESTIVAL, e à energia dos diferentes diretores dos festivais que compõem o *Núcleo*, nasceu a ideia de um *pleins feux* que permitirá associar oito autores franceses a oito autores brasileiros e traduzir, assim, oito peças inéditas de cada país no idioma do outro; no Brasil, publicadas pela Editora Cobogó.

Na França, o Théâtre national de la Colline (Paris) e o Festival Act Oral (Marselha) se associaram à Comédie de Saint-Étienne para dar a conhecer oito peças brasileiras e seus autores.

Romper muros e construir pontes para o futuro: essa é a ambição deste belo projeto que se desenvolverá ao longo de dois anos.

Arnaud Meunier
Diretor artístico
La Comédie de Saint-Étienne,
Centre dramatique national

SUMÁRIO

Uma pequena manhã de palavras frágeis,
por Jezebel De Carli   9

QUEIMADURAS   13

Sobre a Coleção Dramaturgia Francesa,
por Isabel Diegues   107

Intercâmbio de dramaturgias, por Márcia Dias   111

Plataforma de contato entre o Brasil e o mundo,
por Núcleo dos Festivais Internacionais de Artes
Cênicas do Brasil   113

Uma pequena manhã de palavras frágeis

O teatro é capaz de tornar possível o impossível. Traduzir um texto do francês? "É um projeto para 2019 e 2020. Acha possível?" Há mais ou menos um ano me foi feita essa provocação. Eu sempre acho tudo possível quando se trata de trabalho. Trabalho – Teatro – Expressão/Invenção – Coletivo. Então, sim, o Teatro me fez realizar o impossível.

Sou encenadora e professora de Teatro, muito raramente "brinco de atriz". Nunca havia "brincado" de tradutora. Como em toda nova brincadeira, apareceram os medos, as inseguranças, a excitação, as dúvidas, os desejos e tantos outros sintomas cabíveis.

O Teatro que faço se dá no encontro. Me agradam particularmente os bandos, as turbas, os complôs, os ajuntamentos, os aglomerados; gosto de gente! Gosto de compartilhar, de pensar, criar e inventar junto. Nunca gostei de "brincar" sozinha! Faço Teatro desde 1986 e sempre um Teatro de Grupo, de amontoado de gentes diversas e plurais. Dessa vez não seria diferente.

A encenadora francesa Ariane Mnouchkine, ao ser perguntada por que faz Teatro de Grupo, diz algo que me afeta profundamente: "Para sair em aventura, para atravessar oceanos desconhecidos. Para enfrentar tempestades austrais e descobrir ilhas salvadoras. Para estar em um barco que solta amarras com cada espetáculo. Para ter amigos e amores num mesmo lugar e, ao mesmo tempo, ser nômade. Para viver e lutar por e com uma família que te protege e que também te liberta. Um universo encantado em um mundo que cada vez mais te desencanta."

Então agreguei pessoas ao projeto. Na tradução estão comigo duas atrizes e minhas professoras de francês, Bia Noy e Marina Pelle; na sequência será a vez de Francisco Gick, ator, diretor e dramaturgo do Coletivo Errática (o espetáculo *Ramal340: sobre a migração das sardinhas ou porque as pessoas simplesmente vão embora* é o texto que integra o projeto Nova Dramaturgia Francesa e Brasileira), bando de gentes que se juntou em 2012 e que segue desenvolvendo um trabalho continuado em Teatro na cidade de Porto Alegre.

Ao abordarmos textos de outros autores e autoras nos processos do *Errática*, "capturamos" do poeta e tradutor brasileiro Haroldo de Campos a noção de *transcriação* para pensarmos os processos de criação como operações que produzem um novo texto, o qual está intimamente vinculado ao original, mas encharcado dos materiais advindos então trabalhados.

Com a tradução de *Queimaduras*, de Hubert Colas, procuramos a fidelidade à forma, ao ritmo, ao caráter oral e ao significado e sentido das palavras propostas pelo autor. Entretanto, mesmo tentando criar uma reprodução o mais precisa possível, inevitavelmente inventamos um outro texto criado *com* o original, uma vez que não buscamos a completa neutralidade, mas também a interferência de possíveis operações de uma futura encenação.

Queimaduras não se entregou facilmente! Tivemos que devorá-lo para depois compreendê-lo! É livre de vírgulas, pontos finais, e poucas são suas rubricas. Foi preciso ler e reler, ler em voz alta, assim como ler com intenções e consultar amigos e amigas francesas e buscar sinônimos e imaginar cenas e novamente ler e mais uma vez nos ouvirmos dando voz às palavras; cavar, esburacar, decifrar frases e expressões.

É um texto denso, poético em sua crueza, verborrágico, movediço; vai pelas bordas, em ruas molhadas, sob faróis de carros, em parques, em becos, entre pessoas que afirmam terem visto *tudo*.

Uma noite!
Esta noite nossa cidade será limpa virgem
Um julgamento.
Um Jovem Homem acusado
A Mãe
Esse filho só tem em seu espírito o descuido de ter nascido aqui
Na escuridão e na sujeira das nossas cidades
Se encontra o único crime que ele nunca cometeu

Jezebel De Carli

QUEIMADURAS

de **Hubert Colas**

PERSONAGENS

A TESTEMUNHA MUDA

A JOVEM

O JOVEM

A MÃE DO JOVEM

OS BELIGERANTES

LUISA, amiga da Jovem

ASIL, amigo do Jovem

FLAVIO, namorado de Emma

EMMA, namorada de Flavio

O GUARDA PAUL, marido de Susan

SUSAN, mulher de Paul

JOHAN, mulher solteira, amante de Paul

1

A Testemunha Muda, A Jovem

A TESTEMUNHA MUDA: Desde o início precisamos do mais completo silêncio
E então dos primeiros barulhos do silêncio
O que se ouve do interior dela
Ela é A Jovem

Ela aponta.

A TESTEMUNHA MUDA: Muitas coisas passam na cabeça dela
Ela viu acreditou ver o que ela acredita que aconteceu
Disso eu ouso dizer falar notícias estranhas
Drama leve de uma página nos jornais do interior
E de duas linhas na capital, talvez até mesmo nada.

Para A Jovem

A TESTEMUNHA MUDA: É com você

A JOVEM: Do que eu devo falar?

Elas se olham.

A TESTEMUNHA MUDA: Então no início tem ela. A Jovem
É a única que acredita realmente
É por ela que tudo começa
Ela acredita ter visto alguma coisa

A JOVEM: Um corpo

A TESTEMUNHA MUDA: Talvez um corpo

A JOVEM: Um corpo deitado

A TESTEMUNHA MUDA: Alguma coisa no chão

A JOVEM: Eu gostaria de uma bebida

A TESTEMUNHA MUDA: Sim sim claro o copo d'água

Ele sai.
Um Jovem se aproxima com um copo d'água.

A JOVEM: Eu estou morta

O JOVEM: O que acontece com você quando me vê

A JOVEM: Veneno é veneno
A gente não se conhece

O JOVEM: A senhora está com sede

A JOVEM: Não

A Testemunha Muda reaparece com um copo d'água.

A JOVEM: [*fala*] É a primeira vez que te vejo

E é impossível saber a quem ela se dirige.

A TESTEMUNHA MUDA: A senhora está com sede

A JOVEM: Estou

A TESTEMUNHA MUDA: Vocês não se conhecem

O JOVEM: Hã? É talvez não sei
Eu gostaria de sair daqui
Viver em outro lugar ver outras coisas
Outras pessoas outras plantas árvores como eu nunca vi
A cor de um céu que não se parece em nada com as nossas manhãs
Triste, não acha. Aqui é triste
Sente o vento que passa dentro da cidade entre os imóveis e vem aqui
Grudar nos nossos rostos Você já viu as cidades cobertas de areia do deserto sendo que não há deserto algum a quilômetros
É isso é meio isso eu gostaria de seguir esse vento
Eu estou com sede

A TESTEMUNHA MUDA: Vamos beber

O JOVEM: Vamos beber

	Eu não aprendo sabe todas essas coisas que é preciso aprender saber
	Eu não aprendo
A TESTEMUNHA MUDA:	Eu temo por você
O JOVEM:	Eu também temo, não sei bem. Eu temo

Tempo.

O JOVEM:	Eu gostaria de sair daqui
	Olhe nosso céu isso eu posso dizer é nosso céu nossas árvores mesmo se não tem muito mais disso por aqui. Nossas árvores nossa terra e isso deveria me dar uma uma profunda alegria...
A JOVEM:	[*quase inaudível*] Quem é nosso céu e quem é nossa terra
O JOVEM:	... Algum dia eu tenho que ir embora

* * *

O Jovem e A Mãe

O JOVEM	Mamãe
	Me responda
	Eu sou uma pessoa feia
MÃE:	Meu filho
O JOVEM:	Eu não me sinto mais o mesmo
	E eu não sei se o que eu sou agora
	É melhor do que antes

	Eu estou alegre meus olhos estão confusos

Eu estou alegre meus olhos estão confusos
É possível que alguma coisa feia
Tenha vindo cobrir meu rosto
Mamãe me olhe e me diga
Se você não vê nada que possa causar medo

A MÃE: Meu filho

O JOVEM: Eu sinto o entusiasmo de um garoto
Que me atiça a vida
Mas eu sinto essa alegria como uma alegria culpada
Não gosto desta criança no meu interior
Sinto culpa mas não vejo nenhum crime
Olhe bem pra mim e me diga se você vê alguma coisa

A MÃE: Eu só vejo sua preocupação

O JOVEM: Mamãe eu vou sair
Eu preciso ver meu novo olhar
No rosto dos outros
Preciso ver também se esse mundo é o meu
Eu gostaria que ele me olhasse bem de frente
E que me dissessem a verdade

A MÃE: O que você fez

O JOVEM: Nada. Eu não fiz nada

A MÃE: Você está cansado você tem que relaxar um pouco

Amanhã você ainda verá o dia com outros olhos
É simplesmente isso que se descobre em você
Olhe para mim você nunca me viu de outra maneira
Do que como uma mãe mas se você olhar
Você verá também uma mulher desnorteada, que não sabe como levar a vida
Seu pai também era igual
Nós nos unimos com esse segredo no coração
Cerrado nas nossas bocas
A alegria e a dor de não saber
O que se esconde no mais profundo de nós
E que faz de nossas vidas o que você sente hoje
Meu filho não fuja da minha vida
Espere mais um pouco
Seu coração é muito frágil para deixar para os outros o cuidado de espalhá-lo

O JOVEM: Você não entende

A MÃE: Meu filho

O JOVEM: Eu vou sair
Te vejo mais tarde

Ele sai.

A MÃE: [*Sozinha*]
Ele está grandão agora

Está grandão eu não posso segurá-lo
Se ele deve abrir a janela se passar por um pássaro
E se jogar no vazio
Eu não posso não entender isso
Não posso não entender
Que ele precise de um outro coração
É sem dúvida sua maneira de me dizer
Que ele ama é isso na verdade ele está apaixonado
Meu filho está apaixonado

* * *

O Jovem sozinho. A Testemunha Muda talvez esteja em algum lugar não muito longe à escuta.

O JOVEM: Esta noite tudo estava em desordem como em um dia de Lua cheia
Eu não ficava mais em pé, não mais que os outros
Eu acho que ninguém ficava em pé
O eclipse chegou como previsto anunciado pelos rádios
O total aquele que faz do dia a noite
Todo mundo aglu como se esse eclipse fosse a natureza da vida, eu também queria ver eu saí, minha mãe não queria, eu saí
Para não fazê-la sofrer eu saí pela janela do segundo andar

Aqui todos os encanamentos estão no exterior dos prédios mesmo sem querer esquentar o lado de fora no inverno

No inverno ninguém mais se surpreende ao ver pilhas de corpos se aglutinarem ao longo das canalizações.

Os espertos explodem a central elétrica no meio da noite, no mesmo momento do eclipse

Nessa hora é realmente bonito

O desejo de nunca mais ficar no fundo do poço

Eu esquecia tudo, por uma só vez esse dormitório parecia um pouco com meus sonhos

Essas pequenas alegrias roubadas mecanicamente preenchem minha alma.

Lá fora as mãos se estendem

Mãos que se tornaram mãos amigas, como no Natal

Cantava-se em todos os corredores envolvendo nossos corações nas palavras de bêbado

"PARA NOS SALVAR" eu gritava "É PARA NOS SALVAR".

É religioso

Se tem uma fumacinha branca que escapa de nós quando estamos mais próximos de nós mesmos e do coração dos outros então eu posso dizer que esta noite sem dúvida nenhuma todos nascemos desse nevoeiro

O mais bonito da cerimônia foi quando os mais jovens abriram todos os carros

O grito das sirenes

E nós éramos numerosos cantando repetindo o ardor esses gemidos que se tornavam reclamações e chamados às outras cidades para virem nos encontrar

Na frente do nosso prédio estacionamento campo de futebol transformados em uma floresta de vaga-lumes

Eu não me arrependo de ter saído

No meio desse campo cintilante

Aos pés da nossa catedral todas as luzes interiores dos carros estavam agora em chamas

Os negócios que se faziam toda noite retomavam as atividades

As trocas de mãos amigas voltavam a financiar.

Para alegrar um pouco mais o lugar a gente começou a beber e a fumar

Eu não queria beber eu sei bem eu não sou mais o mesmo

Mas ontem à noite uma voz mais bela do que o normal

Veio me ver. Eu bebi por esta voz

Eu bebi para sentir seu corpo eu bebi para sentir calor

Eu queria a transpiração dos corpos que se misturavam

No meio dos vaga-lumes eu abraçava um anjo que me acariciava

Na flor das nossas bocas os olhos no outro eu o amei

Como a gente ama numa primeira noite
Em que os corpos se surpreendem ao extremo. Nessa noite no fundo do coração, eu esquecia o mundo.

Deitado entre duas portas de carros, atirado sobre o que restava de um banco, manchado de tudo com sirenes como se fossem um despertador

Minha ternura da noite, sumida em menos tempo do que o eclipse

As mãos nas costas eu era aquele para quem tudo acontece

Provocador e demolidor da paisagem

Eu estava sozinho o acariciador da noite

Culpa das minhas duas mãos e do ridículo de estar sozinho, nu no meio da grama roubado de todo atributo, o corpo com cheiro de fim de bebedeira e manchado de esperma, eu escapava dos furgões.

A cidade dos Deuses por uma noite ainda tinha perdoado minha emoção

O rosto feio que eu tinha, sem dúvida deu a entender que minha punição maior era viver sozinho com essa cara feia em vez de compartilhar meu rosto com os outros, eles me deixam, esquecido aqui nesse armário de bichos, esquecido um pouco o que fora julgado por nossas cabeças de cachorro

Esquecido

Entram A Jovem e depois Luisa.

A JOVEM: Luisa. É ele. Eu acho que é ele

LUISA: Ele o quê

A JOVEM: Ele

LUISA: Ele quem

A JOVEM: Que levou a criança para o fim daquele beco

LUISA: Não não é ele

A JOVEM: Você acha

LUISA: Acho

A JOVEM: Para mim é ele

LUISA: Você tem certeza

A JOVEM: Tenho

LUISA: Então é ele

A JOVEM: O que a gente faz agora

LUISA: Eu preciso falar para os outros

A JOVEM: É. Espera você tem certeza que é ele

LUISA: Sim sim é a cara dele, é exatamente como se fosse ele

A JOVEM: Então é ele

Elas saem

DEPOIMENTOS 1

Os beligerantes: Susan, Johan, Emma, Luisa, O guarda Paul. A Jovem, A Testemunha Muda.

A TESTEMUNHA MUDA: E depois os outros chegaram. Cada um viu uma coisa.
Um homem jovem, parece
Alguma coisa, uma silhueta levando uma criança para o fim do beco só um segundo
Eles viram ele, ele fugia com a criança, ele corria. Sim
Ele a raptava. Sim
Ele a estuprava, talvez. Sim. A criança

A JOVEM: Eu preciso me lembrar de tudo

LUISA: Aquele jovem estava na cara
Como se tivesse nascido assim
A marca daquele que é mau

A JOVEM: Eu preciso lembrar

LUISA: O Jovem. Raça de jovem. Cachorro de nada

PAUL: O que que você viu

A JOVEM: Bem eu vi tudo
Ele estava lá enfim lá no final, longe
Era noite eu vi

Ela abaixa seu rosto, chora talvez.

SUSAN: Você viu

Olha essa pequena Paul vamos lá ver

Silêncio.

LUISA: Eu preciso me lembrar de tudo

Entra Flavio, seguido mais de longe por Emma. A Jovem levanta bruscamente a cabeça.

A JOVEM: Olhem ele ali

Eles se viram todos para Flavio. Olhares.

FLAVIO: Eu tenho as mão limpas por que vocês me olham

LUISA: Não. Não é ele

FLAVIO: Não sou eu

Entra O Jovem.
Todos se viram. Olhares.

A JOVEM: Olhem ele ali

O Jovem sai corrondo.

A JOVEM: Seu rosto me leva lá no fundo da garganta
Eu vi tudo. Os gritos da criança
O corpo da criança e seu longo corpo segurando com suas mãos os dois braços da criança

E os gritos novamente. Eu vi ele bater na cabeça dela

A criança como um bicho morto se deixando tomar

Eu vi ele vi o sangue correr. Movimentos lascivos e a baba na boca do Jovem eu vi ele e a criança morta os olhos de súplica que ela devia fazer para ele

E eu também rezava para que aquilo parasse

Não um homem, um animal um touro surgiu do nada o corpo nu

Ele decapitava o corpo ele o triturava com seu pênis

A criança ainda grita como um cachorrinho a quem escondemos o seio

E ele seu grande corpo redobrava de ardor fora de si a fera comia a carne dela. Eu vi ele arrancar os olhos comer tudo o que ele podia

Segurava ela, os rins espremidos no bicho. Eu vi ele. Sim

Eu também eu gritei e foi aí que eu vi seu rosto

Uma cabeça de cachorro, lábios escorriam sangue e o cheiro da morte

E seu olhar sobre mim. Seu olhar. É o diabo eu me disse é o diabo. Eu também era sua presa não podia baixar os olhos desse suplício. Acho que ele não me viu eu não sei eu acho

Ele varria com seus olhos de raiva os arredores berrando sobre a sela depois ele retomou sua obra. Era como se fosse eu quem sentia a dor da criança. Ele pegou novamente pelos cabelos esse cachorrinho que não parava mais de gemer e eu também gemia e é por isso que ele não me escutou é por isso senão ele teria feito de meu corpo a presa de seu crime

Eu o vi. Eu gostaria de ter gritado mais alto para impedir essa morte

Ele conclui seu trabalho, dá no corpo da criança os últimos golpes

Não tinha mais vida não era nada mais do que um monte de carne

Ele adormecendo sobre sua presa, se divertindo ainda a apagar os últimos sobressaltos desta alma que ele acabou de roubar e pegando os braços da sua vítima fingindo uma revolta para melhor dar os últimos golpes.

E depois o dia chegou e as primeiras luzes do sol desvelam suas sombras. Ele sobre os restos da criança contemplando sua obra a comeu.

Sem dúvida para apagar todos os traços ele desapareceu como veio

PAUL: Onde ele está

SUSAN: Nós gostaríamos de saber que rosto ele tem

EMMA: É certo que ele se esconde
Ele já está com a consciência pesada

SUSAN: Se a gente deixar todo mundo
Fazer o que bem entende

Logo o país vai ficar deserto
Eles pegam tudo espalham tudo despem o todo
Fazem pacotinhos bem amarrados de tudo, e pronto!
É uma parte do patrimônio que se vai
O rádio do carro do marido quando não é o carro
Em pedacinhos vendidos a preço de banana
E na minha porta Paul na nossa porta Paul
E você não fala nada

PAUL: ...

LUISA: O Jovem. Raça de jovem. Cachorro de nada

SUSAN: O que vai nos sobrar

JOHAN: Ele é daqui

SUSAN: A ver

LUISA: É, ele é daqui

FLAVIO: Então o que a gente faz

PAUL: Eu não quero mais esses filhos da puta aqui
Não quero mais vê-los

SUSAN: A gente tem que dar um jeito

FLAVIO: Onde ele está

JOHAN: Mas a gente não vai sair atirando nos pés de qualquer um

SUSAN: Lamento mas a gente sabe
A gente sabe muito bem quem é
É o mesmo por quem nós fechamos os olhos
Não mais tarde que outro dia
Foi com uma faca que ele rasgou o vestido da pequena
Com uma faca que ele cortou o peito

JOHAN: Besteira o que você diz é besteira

PAUL: É sempre mais fácil agir assim
Do que ter respeito por todos aqueles que como nós
Viveram todas as dores do mundo ao se estabelecer aqui
Construindo calados construindo lares
Limpos, equilibrados e de bico calado

JOHAN: Meu equilíbrio diz que ele não sabe do que você fala

PAUL: Quem viu alguma coisa?

SUSAN: Eu prefiro me calar

LUISA: Eu

PAUL: O que você viu

LUISA: Tudo. Que nem ela eu vi tudo

EMMA: Eu também eu vi alguma coisa
Lá no final do beco
Um cara grande com uma criança

FLAVIO: Não era grande
Era um cara só um pouco maior do que eu

PAUL:	Você também viu ele
LUISA:	Claro que eu vi Eu escapei por pouco
PAUL:	Todo mundo viu
SUSAN:	Eu vi ele lá
FLAVIO:	Eu vi quando ele desaparecia
JOHAN:	Eu também vi ele eu acho
PAUL:	Eu também
SUSAN:	Todo mundo viu
LUISA:	O Jovem. Raça de jovem. Cachorro de nada
SUSAN:	Todo mundo viu
A TESTEMUNHA MUDA:	Eu não vi
EMMA:	Você não viu
A TESTEMUNHA MUDA:	Não eu não vi esse cara grande
PAUL:	O que você viu
A TESTEMUNHA MUDA:	Eu não sei eu não vi nada
SUSAN:	Não é possível Com certeza ele viu alguma coisa
A TESTEMUNHA MUDA:	Eu vi um outro cara com uma garota Mas não era uma criança era uma garota E também não era no fim do beco Era ali, eles se beijavam
PAUL:	Eles se beijavam E você fazia o quê

A TESTEMUNHA MUDA: Nada
Estava muito escuro para ver alguma coisa
Mas eu vi eles
Quando eles acenderam um cigarro
Era noite
E fui me deitar

PAUL: Tenho certeza de que todo mundo pensa a mesma coisa
Que é preciso acabar com tudo isso
É preciso vigiar todas as entradas todas as escadas
Recolher tudo o que tem de suspeito
Esta noite nossa cidade será limpa virgem
Aqueles que entre nós estiveram em apuros
Não se mexem, nos olham torto
Escutem. Eu vivo aqui nós vivemos aqui nós comemos aqui
Então a gente resolve aqui entre nós
A gente corrige o que tem que ser corrigido aqui entre nós
Os outros que se contenham

SUSAN: Vamos colocar uma placa
Para que isso nunca mais

LUISA: O Jovem. Raça de jovem. Cachorro de Nada

* * *

O Jovem e A Testemunha Muda.

A TESTEMUNHA MUDA: Quem é você?

O JOVEM: Eu me chamo...

A TESTEMUNHA MUDA: Não me fale seu nome, seu nome não responde por você
Ele responde somente ao meu chamado que só chama o seu corpo
Se você não sabe quem se volta para mim
Se mesmo tirando essa carapaça da sua pele você não sabe quem você é
Hein, quem é você sem seu nome
Eu sei que aqui os nomes se comportam como chapéus com arrogância e orgulho
E posso falar cruzando essa ou aquela pessoa que usa um boné olha é um boné que aparece e a mulher que arrasta seu cachorro para mijar não é mais do que um cachorro bem protegido atrás de sua imagem de vovozinha com cachorro – Cabeça de poodle chihuahua salsicha ou de outros monstros e eu mesmo se não me cuido não sou nada além do que um pobre latidor, um zeloso disco arranhado de velhas memórias para a glória do futuro que eu continuo a buscar
E não sei, não conheço, evidentemente, aquilo (aqueles) atrás dos quais eu corro
Nossa época "prefere a imagem à coisa, a cópia ao original, a representação

à realidade, a aparência ao ser" isso não é meu, é de um tal de Ludwig em não sei mais qual prefácio, uma velha anotação que não sai da minha cabeça

Às vezes eu acho que minhas palavras são velhas, como minha voz uma velha voz. Ser somente uma voz com uma bela alma. E sou eu quem dessa vez esqueço de mim.

Eu gosto de falar

Tempo.

A TESTEMUNHA MUDA: Eu dizia sim quem é você e talvez você seja um amigo no meio desta monotonia mas quem sabe, eu não pelo menos ainda não. Então me diga

O JOVEM: O ar de hoje traz coisas estranhas
Estou em uma madrugada de palavras frágeis

A TESTEMUNHA MUDA: Bonito como nome
Madrugada de palavras frágeis

O Jovem olha para ela tristemente.

Eu não estou debochando, continue

O JOVEM: Eu sou feito de sonhos estranhos
Eu já não sei mais muito bem se são sonhos

A TESTEMUNHA MUDA: Alucinações vivas talvez

O JOVEM: Violentas

A TESTEMUNHA MUDA: Conte

O JOVEM: Não faz sentido

A TESTEMUNHA MUDA: Melhor ainda

O JOVEM: Um bicho está machucado, eu não o vejo mas dentro de mim eu sei

Eu vou para onde ele está e sinto que meus passos se tornam mais fluidos mais rápidos diante de mim portas, elas se abrem todas como portinholas. Eu sinto que meu corpo está à procura, já é noite mas eu vejo tudo.

O bicho está lá deitado gemendo, eu me aproximo e em um impulso eu me deito em cima dele, isso me marca por um instante é o meu corpo o meu eu não vejo mais nada somente uma sensação que queima e o cheiro de sangue. Meu sonho não tem mais imagens somente um lugar escuro mas eu ainda sinto um corpo estendido ao lado e nesse momento eu sei bem que eram minhas mãos.

Eu suo, doente sem dúvida mal curado, a pedra sem dúvida esse golpe na cabeça. Eu ainda sinto um cheiro de peito quente que emana sangue.

Será eu nessa noite quem rasga o corpo desse bicho eu não sei eu não sei mais tudo se confunde. mas eu sei eu tenho sangue entre os dentes e isso me excita o sexo, o bicho sobre o qual eu estou deitado fede e me faz vomitar e isso me excita. Eu quero ir embora mas eu teimo sobre essa cama sobre essa estrada eu não sei mais tem barulho de carros, eu teimo e eu gozo e eu mato ele com meu sexo duro demais para ele, o bicho geme e eu me alegro eu não sei o que é. Sou eu, é um sonho. Eu me lembro também de ter comido ele.

Silêncio.
Eles se olham.

O JOVEM: É um pouco idiota esse sonho desculpe-me, eu não sei o que é e... eu não sei

O Jovem sai correndo

2

Os Beligerantes: O Guarda Paul, Susan, Emma, Flavio, Johan e A Testemunha Muda

SUSAN: Antes as pessoas me diziam "você é linda" agora as pessoas me dizem que eu sou bonita. Eu perdi alguma coisa eu acho é o começo do fim, bonita é o vestido que me faz bonita, bem colocado, de qualquer maneira eu sei me passar por uma dama são os anos que ensinam isso. Antes eu era linda com qualquer coisa agora acabou e são os anos fartos que começam. Dizer "ela é bonita" tudo bem para uma menina como você mas para uma mulher é verdade eu envelheci

Eu gostaria ainda de ser uma linda mulher

PAUL: É preciso constar que as belas palavras não serviram para nada

A ordem virá somente se a gente se servir dela e eu ainda escuto eles e os pedidos por calma, não façam justiça com as próprias mãos vamos nos entender aqui mesmo

Mas nós, hoje nós somos obrigados a reagir

Deixar claro, fazer de nossa cidade um exemplo o exemplo do que é possível organizar por nós mesmos

EMMA: E eu só observo

JOHAN: Eu gostaria que nós estivéssemos dentro dos animais

Ou na música o tempo todo

Como é que os outros fazem, para estarem dentro da felicidade. Eu gostaria de ser feliz

EMMA: Eu também sou assim, não sei de que lado eu estou

Tenho palavras desajeitadas eu falo merda

Você sabe o que é preciso dizer

JOHAN: Aqui tudo parece noite

SUSAN:	Eu sei Espécies de homens jovens como aquele Precisaria tê-los como espécies em extinção Os últimos, seria mais fácil fazê-los sofrer A gente saberia que são os últimos então teríamos certamente um olhar diferente não de compaixão mas alguma coisa que nos daria vontade de guardá-los em um canto, que não tivéssemos vontade de matá-los. Exemplos vivos do que não é necessário Não abaixe a cabeça Emma é verdade o que eu digo A partir do momento em que você não quiser esses caras para a sua filha você não quer eles no seu corredor Não é ser violento como eles falam, é ser assim, é isso Como não queremos que alguém pegue a comida do nosso prato quando comemos. A gente não quer mais do que isso É só De tanto pedir para viver normalmente A gente acaba por achar que não é normal Nós somos normais merda são os outros que nos incomodam
PAUL:	Susan
SUSAN:	A gente tenta viver aqui como um casal normal
O GUARDA PAUL:	Nós somos um casal normal Susan

SUSAN:	A gente é normal são os outros que nos olham de uma maneira que não é normal
	Mas a gente é normal
FLAVIO:	O que a gente faz agora
PAUL:	Eu não sei
SUSAN:	Eu sei
	A gente pega tudo o que está por aí até que a gente ache
EMMA:	E depois
SUSAN:	Depois Paul depois
PAUL:	Depois bem depois, ele confessa
SUSAN:	Ele confessa tudo e aí a gente decide o que fazer com ele
	É assim que tem que ser feito Paul você tem razão

* * *

O Jovem e Asil ao lado dele fuma.

O JOVEM:	Cheiro a alcatrão o hidrocarboneto
ASIL:	Você acha que a gente poderia desaparecer daqui
O JOVEM:	Olhe bem pra mim
	Tudo o que eu sou já virou fumaça
	Eu penso em fumaça Eu me confundo com as nuvens
	Um pouco de vento e eu me disperso na cidade

Um pouco de mim em um canto de porta um pouco de mim na pia um pouco de mim nos banheiros nas vitrines nos carrinhos de supermercado nos caminhões indo para o abate nos caminhões de lixo, poeira de aspiradores, bitucas de bêbado

Um pouco dentro das saias um pouco no cair do sol. Eu sou a sombra volátil dos seus passos sou eu sou eu ainda o pé sujo da multidão

Na esquina da delegacia eu tenho um verdadeiro depósito de mim pacotinho de cinzas

No crepúsculo você pode me encontrar na primeira luz do dia um verdadeiro pequeno cosmos só para mim, você me respira todos os dias eu me escondo em todos os pulmões dessa cidade então você vê

Faz tempo que eu benzi a testa com minhas cinzas

Eu não sou nada mais do que o barulho que corre da minha fumaça até suas orelhas

É um boa poeira de homem que você vê sob seus olhos

Resumindo eu já desapareci do álbum de família

ASIL: Mas eu vejo você e ainda sinto o cheiro de vida que percorre seu corpo

O JOVEM: Você é o único
Aqui eu existo para você que vê claramente os restos caridosos que todas as assistentes sociais e que todas as

subprefeitas boazinhas quiseram me deixar sofrer aqui nesse buraco de asfalto

Você é o único a se interessar pela minha fumaça

Não tem lugar aqui

Asil tem ódio. Olhe também em mim eu tenho ódio do meu sangue

ASIL: Encontre uma garota para você

O JOVEM: Eu tenho mãos que fedem

O sexo gasto de noites sem sonhos

Ontem foi a primeira pedra que atiraram e ela não teve dificuldade de encontrar meu rosto e não teve dificuldade de insultar minha alma

Deformar meu crânio. Então do que eu servi de exemplo

Eu não vi nenhuma mão se levantar para me bater

Mas a pedra me atingiu

Nenhum homem nenhum rosto que respondia nenhum grito

Somente uma pedrada e depois o sangue

E meu corpo no chão

A noite tornou-se inimiga

Essa pedra é o corpo do Diabo

Diga-me Asil o que você vê

Diga-me que eu estou com febre e que tudo vai passar

Diga-me as palavras que (me) são necessárias para assustar essa alma que me toma o rosto, Diga-me as palavras secretas antes que eu desapareça

ASIL: Eu não tenho as palavras mas eu tenho o segredo

Eu tenho a dor infinita e misteriosa dessa angústia que te consome

Qual desvio fora do comum leva meu corpo em direção a essas pedras que batem sem parar na sua porta eu não tenho palavras

Eu gostaria de compreender entender e crer na infinita mensagem que nos liga

Eu sou como você Filho-Irmão-Sangue de você

E você meu sangue saído de um mesmo corpo na ausência de qualquer mãe e pai, nós somos e eu ainda poderia dizer "Eu" para falar de nós

Nós somos de uma só alma eu sou de uma só alma com você

Você é meu amigo e eu não tenho palavras para reconfortar

Eu sou simples e eu amo meu amigo isso é tudo Eu não tenho palavras

Entra A Testemunha Muda.

A TESTEMUNHA MUDA: Vocês caíram do lado errado da cerca

Nao são as palavras que faltam mas pessoas. Próximas ou distantes desde que sejam pessoas vivas. A gente não escolhe seu rebanho

Eu vejo bem o problema vocês dois estão caídos em um monte de ovelhas mal tosadas. E o segredo é que não tem mais milagre

Eu não sei mais como se diz por aqui...
Não tem... sem quebrar os ossos, não
não é isso é parecido com isso
Enfim uma história de omelete
Aliás, eu estou com fome ou sede você
não
Venham comigo eu gostaria muito que
vocês viessem
Vamos. Beber viver e quem sabe talvez
morrer
Estou brincando

Para O Jovem

A TESTEMUNHA MUDA: Você Jovem não faça essa cara
Você deveria ter nascido ladrão isso
não é culpa sua
É culpa do profeta com a cara que você tem você deveria ter nascido em
outro lugar mas caiu do céu aqui em
uma plantação de beterrabas é culpa do
profeta tudo isso
Seus olhos são luz filho e você não sabe isso
Vamos eu levo vocês para beber, lá onde eu ainda tenho algum crédito
Venham meus jovens onde eu estou
não tem fumaça

Eles saem.

* * *

Paul e Flavio, ao longe Emma se aproxima.

PAUL: Um estoque de cassetete
Foi roubado na noite passada
Eram cassetetes com defeito
Tinham sido armazenados por causa do defeito

FLAVIO: Que tipo de defeito

PAUL: Eles são menos protegidos que os outros cassetetes

FLAVIO: Isso muda o quê

PAUL: O cassetete clássico quando ele bate ele bate
Jorra imediatamente
Enquanto que o cassetete menos protegido quebra dentro, fora você está limpo ninguém vê nada dentro você está morto

FLAVIO: Como você sabe quando você lida com um cassetete menos protegido

PAUL: A diferença está dentro do cassetete

FLAVIO: E como eu faço

PAUL: É preciso que você bata
Ou que alguém bata em você para saber

FLAVIO: É uma história daqui

PAUL: Eu não sei
Eu achei que talvez fosse você

FLAVIO: Eu o quê

PAUL:	Dos cassetetes
FLAVIO:	O que você quer que eu faça com uma caixa de cassetetes
PAUL:	Não sei
EMMA:	Flavio
FLAVIO:	Eu não faço negócios com cassetetes
E eu parei
Eu não vendo mais nada
Eu fico tranquilo
Eu estou aqui para ficar tranquilo. Correto. Limpo
Agora eu estou limpo
Eu quero que me esqueçam um pouco
Eu me tornei "o irmão mais velho" como diz minha mãe
Eu tenho que servir de exemplo agora
EMMA:	Flavio
FLAVIO:	Não fui eu
PAUL:	Por que você está nervoso
FLAVIO:	Não fui eu os cassetetes estou dizendo
EMMA:	Flavio
FLAVIO:	Já faz dez minutos que estou te esperando
EMMA:	Eu estava aqui
FLAVIO:	Ah sim
EMMA:	Sim

FLAVIO:	Você não tinha me visto
EMMA:	Eu estava aqui
FLAVIO:	E você não tinha me visto
EMMA:	Eu não sei
FLAVIO:	Eu já estava aqui eu te via
	Dez minutos e você não tinha me visto
	Eu estava aqui Emma aqui
EMMA:	Eu também estava aqui
FLAVIO:	Você não me viu
EMMA:	Flavio
FLAVIO:	Espera agora estou conversando com o Paul
EMMA:	Desculpa eu não tinha visto
FLAVIO:	A gente não se viu Emma
	A gente estava aqui os dois onde marcamos e a gente não se viu
	Aqui é como a Inglaterra a neblina Emma
	Tem muita neblina
	Tentaremos nos ver amanhã
	Hoje a gente não enxerga a dois metros de distância

Emma se resigna e sai ou fica longe na neblina.

	Então Paul… O que eu dizia
PAUL:	Eu não estava escutando

FLAVIO:	Ah sim eu lembro eu estava falando...
	Desde quando nós não somos mais amigos
	Você e eu Paul desde quando

Flavio sai.

* * *

DEPOIMENTOS 2

Entram Os Beligerantes: Susan, Emma, Johan, A Jovem e Luisa

Mais longe O Jovem e depois A Testemunha Muda

O JOVEM:	Raça de jovem. Cachorro de nada.
SUSAN:	Hoje nós todos fechamos as persianas
	Estamos em luto
	É nosso primeiro dia de desaparecimento
	Sem dúvida será necessário que alguém pague.
	Tem aqui, algum lugar, por aqui cuidadosamente escondido para que a gente não encontre nenhum rastro
	Um pequeno corpo talvez cortado em pedaços quem sabe
	Dispersados em múltiplos sacos plásticos
	Enterrados em todas as lixeiras da nossa cidade

Um dos nossos aquele que nós não veremos mais

Apodrece nesta merda e se une para sempre com Deus.

Então para acalmar esta infâmia e cortar a má sorte que poderia continuar a cair sobre nós e nos deixar sós sem justiça

E apesar da vergonha que me decompõe

Eu revelo aos olhos de nossa cidade

Esse cortador de cabeças

Esse pássaro de infelicidade

Que veio depositar suas merdas sobre a vida inocente

Eu aponto o lixo do homem que a justiça não acha que vale a pena enforcar

Eu vi ele com a mão na criança, eu vi ele carregar a vergonha da sua alma no corpo da criança

Se nossa coragem não for grande o suficiente é ele que nos fará desaparecer para nós mesmos

Eu não quero ser aquela que cava sua própria cova

Aquela que espera no final do caminho aquele que a gente deixará viver para matar nossas vidas

O JOVEM: Não é de mim que você está falando

LUISA: De quem você quer que a gente fale

O Jovem foge.

A JOVEM: Pronto
Ele acabou de confessar o crime

SUSAN: O Jovem. Raça de jovem. Cachorro de nada

* * *

Johan, Paul

PAUL: Eles fecharam todas as persianas
Eu subi para isso
É só você que deixa as persianas abertas

JOHAN: Você tem medo que a sua mulher nos veja

PAUL: Isso não tem nada a ver com a Susan

JOHAN: O que te incomoda então

PAUL: A cidade está de luto, você não

JOHAN: É o toque de recolher que vem me ver
Na minha casa o luto é com todas as persianas abertas
E eu gosto de te ver andando de um lado para o outro na frente da minha janela
Eu gosto muito de ver seus olhares para a minha sacada à luz da rua. Eu gosto disso. Me beija

Paul não se mexe.

JOHAN: Não me beija, é uma pena eu já sentia minha boca no instante do beijo. É o luto então como você diz

PAUL:	Quando a gente se vê?

Silêncio.

JOHAN:	Paul
PAUL:	Por que você me olha assim
JOHAN:	[*mais alto*] Paul
PAUL:	O que eu falei
JOHAN:	[*ainda mais alto*] Paul
PAUL:	Eu falei uma besteira
JOHAN:	[*cada vez mais alto. Quase grita. Grita.*] PAUL. PAUL. PAUL PAUL PAUL

Paul foge.

* * *

A Mãe entra.

A MÃE:	Meu filho Onde está você É a mamãe É a mamãe É a mamãe

* * *

A Testemunha Muda, O Jovem e A Jovem.

O JOVEM: Deve ter uma passagem além de toda a luz
Além do que se vê
Alguma coisa que a gente não possa classificar como luz ou escuridão
Mas simplesmente iluminada

A TESTEMUNHA MUDA: Eu gosto disso
Meu amigo tem um grande futuro como homem romântico

O JOVEM: Sou atingido pelo raio da lua cheia
Com o que se parecem minhas noites sou atingido
E depois
Mais nada – muita vontade de viver

A JOVEM: Aqui está uma espécie de Jovem contente de ser um jovem

A TESTEMUNHA MUDA: Ah o encontro ruim
É o que não devia que acontece

E mais ainda santos e anjos que vão se revirar nos túmulos

A JOVEM: Por que ele sorri assim

A TESTEMUNHA MUDA: O sorriso de vários mortos eu acho
Né

O JOVEM: Eu acabo vendo o que não se deve ver, o que não existe e duvidando das coisas invisíveis que animam meu coração

A TESTEMUNHA MUDA: É o tipo de coisa que me vem normalmente à cabeça
Eu me sinto roubado de minhas palavras
Roubado dos lábios

O JOVEM: Eu penso ver passar o tempo todo pessoas ao meu redor

A TESTEMUNHA MUDA: Você jovem. Toca, sente, tem algo vivo aqui.
Mas talvez a gente possa dizer que você não existe.
É melhor dizer isso, sim
Jovem você não existe você é sonho e pensamento desastroso

O JOVEM: Por que eu espero aqui
Que outras pedras caiam em cima de mim

A JOVEM: Como você se chama?

O JOVEM: Madrugada de palavras frágeis
Não estou brincando esse é meu nome
Você não está nem aí

A JOVEM: Estou sim
Eu espero para caminhar Tenho calafrios

Espero que alguém caminhe na minha frente caso tenha buracos

A TESTEMUNHA MUDA: E meu coração está no seu coração
E seu coração está no meu coração
Eu sei tudo isso de cor

A JOVEM: [*para a Testemunha Muda*] O que você faz aqui

A TESTEMUNHA MUDA: Tenho um projeto concreto mas perfeitamente inútil

E como me parece difícil falar de estar de acordo com a sequência dos acontecimentos então eu mergulhei com júbilo no medíocre você não tem uma televisão por acaso

A gente se entedia aqui sabe

Eu sinto que nós poderíamos nos entender mas as boas coisas tem um fim

Vamos parar aqui

Eu gostaria muito que você não me seguisse

Ela sai, A Jovem e O Jovem ficam sós. Depois ele foge.

3

DEPOIMENTOS 3

Flavio, Luisa e A Testemunha Muda

A TESTEMUNHA MUDA: Tudo o que poderia ser dito aqui deveria nos ser tirado da boca

LUISA: Ele levou a criança para o fim do beco

Ele atraía a criança aonde a gente não vê muita coisa

Isso se via no rosto do jovem, a marca daquele que é ruim

Ele puxou a criança para machucar para preparar sua tortura

Ele já sabia o que fazer

Olhos nos olhos a gente vê o chamado do sangue

Ele levou a criança até o fim do beco

Tirou a roupa dela para rir

As costas deitadas no cimento

Ele esfregava a criança para que a pele ficasse mais sensível

Foi ali que ele começou

Ele começou a besuntar seu sexo

Sobre sua pele misturando sangue e carne

Foi então que eu escutei os primeiros gritos

E foi a minha vez de ficar com medo, imaginava meu próprio corpo entregue nas mãos deste estuprador

Então eu corri rapidamente pra qualquer lado

Não havia nada que Deus pudesse fazer era mais forte que tudo

Eu me escondi em um arbusto

Foi então que eu vi que não estava sozinha

Ela também se escondia

Então a gente se abraçou bem forte

Para não ter mais vontade de ver

Nem de esperar que alguma coisa mais forte que nós nos tirasse de lá

A gente ficou lá assim até o cair definitivo da noite

Muito felizes em termos escapado

É verdade que eu me sinto feia depois de tudo isso

Eu não vejo o que eu poderia ter feito de melhor

Do que me salvar da minha própria morte
Se ele tivesse me visto é certo que eu não teria resistido muito mais do que a criança
Eu não sei o que eu teria feito de melhor
Do que salvar minha pele

A TESTEMUNHA MUDA: [*aparte*] Esse Jovem. Raça de jovem. Cachorro de nada

LUISA: Em mim também ele está matando alguma coisa

FLAVIO: É preciso sumir com esse Jovem da nossa cidade
Nenhum traço, nenhuma vida desse jovem

LUISA: O Jovem. Raça de jovem. Cachorro de nada

* * *

A Jovem e Luisa

A JOVEM: O que nós vimos? Quer dizer o que nós achamos ter visto com nossos olhos, lá, mal sentadas sobre este chão.

O que nós
Meu corpo está sujo de minhas palavras
Cheiro a sangue por dentro. A boca
O cheiro do Antro meu todo que me esbofeteia que me bate na boca
Palavras – Palavras. Eu sinto palavras que não podem ser as minhas

Do que eu sou feita. Nascida do quê
Eu estou mal acompanhada
Eu reconheço em tudo minhas sombras meus lixos minhas lixeiras
É a vergonha que vem e que acaba comigo
O que é esse não sei o quê que me vem tanto à boca
O que nós vimos? E eu disse "Eu vi" mas vi depois de ter dito
Antes eu não sei mais
Antes tem meus pais os jogos de futebol no domingo
Nas segundas em que minha mãe não trabalha em que minha mãe sempre escreve um bilhete para o diretor da escola me liberando pela indigestão do domingo
Família de futebol família de TV família
O domingo família. Disso eu me lembro
Depois
Deus eu me acho malvada
E é um suplício encontrar as palavras
Eu pouso aqui com meus ares de andorinha
O assassinato no coração do anjo acariciando meus desejos
Arrastando meus olhos para as mínimas curvas de jovem
Eu sou essa vala comum de vida
Eu me visto mal para o desprazer dos homens

Eu me visto à margem de prostituições para sepultar minhas bondades.

E te digo "Minha irmã" pois você é minha irmã agora

Venha me traga lábios

Vamos pactuar com um beijo nosso ódio como compartilhamos o pão

Eu quero morder as lepras

Eu espero sempre por uma verdadeira doença para aterrorizar minhas palavras.

Eu não sou leve, eu gostaria de ser leve, eu gostaria de ser bonita

Mamãe me diz sempre que "Se você fizer um esforço, você pode ficar bonita se você quiser se arrumar um pouco como tem que ser"

Foi então que eu soube que eu não era "Como tem que ser"

Desde então eu não sei mais com minha família de futebol

Eu sou pior sem dúvida

Agora eu jogo futebol e bebo cerveja

Finjo ser como as boas moças. As boas em tudo Eu finjo ser bonita

Agora eu sei fingir ser bonita

Eu a namoradinha das cidades ofereço tudo a carne e os talheres

Eu a namoradinha de coração claro

Mas agora a noite também é minha

Eu brinco de amor como minha bagagem de mão

Por cima do ombro e pronto. Por cima dos ombros.

Perdida muito rápido para não ver minha pele rasgada

Minhas pequenas poças de sangue único testemunho do meu jogo

"O jogo do amor" Irmãzinha

Então eu o vi. Esse Jovem

Eu era dele da sua carne

Queria me colocar no seu olhar

Eu vi o que eu era e eu era de todos

Naquele momento não tinha mais nenhum homem com quem eu não tivesse transado

Ou é preciso que eu me curve gritava meu corpo e eu a bonita de cabelos ondulados eu me obrigava a fazer isso nos braços que apertavam meus ódios

Ou é preciso que eu me curve

Aqui. Me diga meu Deus onde é preciso que eu me curve

Para respirar uma vez mais a sede do meu amor

Não quero mais ser a moça bonita de cabelos ondulados jogadora de futebol, cachaceira, bebedora de cerveja, comentadora de TV do domingo

Eu não quero mais eu não quero

Eu não quero ver nenhum testemunho dos meus namorados que me mostra o rosto

Eu não quero mais

Deus. Será que eu pareço ruim

E você minha irmã de sangue você não diz nada

	Desde que nos conhecemos até esses dias onde nos encontramos diante de nosso medo
	Nessa primeira vez em que Deus não veio nos ajudar
	Você não diz nada
	Pelo menos faça um barulho pelo que eu sou
	Pelo que minha boca de desprezo de mim mesma te diz
LUISA:	Eu não encarrego ninguém de falar de mim
	E eu não me sinto mal por nada
	Nada brota dos meus lábios que não possa sofrer o dia e a embriaguez daquilo que me tirará daqui
	Sim eu sairei daqui e farei o casamento
	Na igreja. Vestido branco e cauda
	E o coro de crianças Pais orgulhosos de sua filha
A JOVEM:	E Deus
LUISA:	Que Deus
	O que Deus tem a ver com tudo isso
	Eu nunca vi Deus levantar um dedo sobre nossos pecados
	Que ele vá embora Deus. Não vi não peguei Deus
	Ele ficou na televisão domingo
	Pregado na tela Deus
A JOVEM:	O que é que você está dizendo

Entra O Jovem.

A JOVEM: Ali está ele
Olhe pra ele ele não vê a noite que o cerca
Olhe pra ele como ele caminha, olhe seu passo como ele parece voar
E você não acredita em Deus

LUISA: Espere um pouco para ver as pedras voarem em sua direção
Olhe bem seu rosto antes que o seu túmulo não venha segui-lo. Ele sorri como um anjo, como só os maiores criminosos sabem fazer.

A JOVEM: É preciso matar esse Jovem
É preciso matar essa raça
Estou lembrando (e) agora
Eu não sou mais uma criança de Maria
E agora
Não sei mais o que eu digo
É preciso salvar esse Jovem
Então morto
Eu não sei mais Eu não sei
O que vimos? Já temos muitas mortes assim
Precisamos de um grande assassinato e da televisão
O assassinato de todos é atribuído a nós as noivas
É preciso parar de ir embora de nossa cidade
Ficar aqui e matar tudo o que corre

Por que ir correr fora daqui ver aquilo que aqui
Em nossos corações nós não sabemos mais viver
Irmãzinha

LUISA: Vem é preciso ficar fora disso até que sejamos os vencedores

* * *

Johan e Paul.

JOHAN: Paul
Eu não sou uma esposa
Eu vivo o outro, eu o olho, o escuto e acabo por amá-lo mais do que eu, de tanto escutá-lo, por não mais me amar a mim e então eu acabo também por não mais amá-lo, agora eu volto a me amar de novo um pouco e eu vejo então seu olho enorme seu olho névoa infinita de nossas noites e então me perco. Meus olhares neste momento são tanto de adeus a esta pessoa que eu não conheço mais que não escuto mais e que não vejo mais e também não entendo mais por que esta pessoa ainda me trata de maneira íntima.

É um verdadeiro luto vivo é triste mas vazio sem pena mas triste mesmo assim eu sinto que vou embora é o momento de me retirar e estou ainda aqui nestes beijos e porém eu sei que eu já fui embora eu estou aqui diante do seu sexo e eu olho para ele ele fica duro ainda pelo meu corpo que não é mais eu ele goza e eu deixo e eu sei que eu vou embora ou que eu já fui embora. Você acha que eu sou uma vagabunda

PAUL: Eu consigo Eu sou mesmo completamente capaz de esquecer um pouco meu sexo
Eu consigo resistir

JOHAN: É isso Paul Essa é a palavra. Resista, Paul resista

Ela sai.

* * *

A Testemunha Muda e Susan.

A TESTEMUNHA MUDA: Você não tem medo de mim

SUSAN: Por quê

A TESTEMUNHA MUDA: Sou estrangeiro e poderia..

SUSAN: Tente

A Testemunha Muda se aproxima.

SUSAN: Você fica onde você está senão eu te faço voar longe

A TESTEMUNHA MUDA: Como você me olha

SUSAN: O que você quer

A TESTEMUNHA MUDA: Nada

SUSAN: Nada

A TESTEMUNHA MUDA: Uma noite por nada

SUSAN: O que você está dizendo

A TESTEMUNHA MUDA: Você é linda

SUSAN: O que você está dizendo
Paul Paul PAUL PAUL

Entra Paul

PAUL: Susan

SUSAN: Você é gordo Paul você é gordo feio Paul

Ela sai.

* * *

DEPOIMENTOS 4

O guarda Paul, Susan, Flavio e Emma. Luisa, A Jovem e A Testemunha Muda.

FLAVIO: Eu não bato nunca
Eu não sei se é ele, de qualquer forma
é pelo menos um dos cúmplices

Ele não podia estar sozinho
Uma noite para fazer o que ele fez uma noite
Precisavam ser pelo menos quatro
Eu acho aquele lá todo bonitão
Eu não bati. Eu nunca bato primeiro
Eu vi de cara que ele escondia alguma coisa
Eu fingi que não via que desviava os olhos
Como eu faço normalmente em casos assim
Quando o que fede nos sufoca
Ele acreditou nisso também, que eu estava morrendo a cabeça no esquecimento com as misérias no coração
Eu finjo ser o homem elegante bêbado
E é aí, ele levanta a mão para mim ele põe tudo a perder
E eu soube, eu vi na hora, eu não me engano
Eu não tinha me enganado
E então imediatamente ele disse "NÃO FUI EU NÃO FUI EU"
Com esta voz de bichinha, que não tinha nada a ver com aquele lugar
Você sabe, pela cara dele você sabe, ele prova que é ele
Ele se esconde ainda um pouco nas brumas de seus olhos de vítima
Mas eu eu sei que é ele
Então como você nos disse
Eu estou limpo

Eu não tenho pista em nenhum lugar do que eu poderia ter feito
Como você nos disse Paul "a ordem, o direito"
Eu bati nele
Eu cuidei para não bater em qualquer lugar
Onde não vemos as marcas
Somente onde dói de verdade
Eu faço bem o trabalho sujo
Com certeza é um dos que crescem aqui que fazem das nossas vidas "UMA PALHAÇADA, A MERDA AQUI"
Eu não me engano
Eu dou para ele até meu nome meu endereço e ele não presta queixa, eu não me engano
Agora, ele já é um a mais dos nossos que fala na cara

PAUL: Emma

EMMA: Sim
É bem isso. E eu só observo
E é bem assim que tudo o que aconteceu, sem que nós quiséssemos... aconteceu
Só uma coisa talvez...

Ela olha para Flavio, ela interroga mas nada se lê no rosto de Flavio.

SUSAN: Emma

EMMA: No fundo eu sou a única que se incomoda com isso

	E sem dúvida que o resultado é mesmo
PAUL:	Emma
EMMA:	Nada, tudo se confunde
FLAVIO:	Emma diz o que você está pensando
EMMA:	Está bem como está

A Mãe com uma foto do Jovem e os Beligerantes.

A MÃE:	Vocês não viram meu filho
	O meu maior vocês não viram
	Vocês não viram minha criança
	Meu filho vocês não lembram
	Eu sou a Mamãe dele
	Vocês não viram ele
	Se vocês verem ele digam para ele
	É meu filho

As luzes se apagam.

Flavio e Luisa

FLAVIO:	A gente tinha que se encontrar
LUISA:	É, tinha
FLAVIO.	Você concorda, há encontros assim Quando você insiste em dizer "não não segue seu caminho não é pra você ir por lá, olhe então no seu jardim, talvez as flores não sejam tão bonitas mas elas têm perfume", e então não, tudo está contra você e você vai mesmo as-

69

sim no jardim proibido, você vai e colhe colhe e você nunca viu flores tão bonitas. Eu fui jogado nos seus braços e nada nem ninguém pode se opor. Nem mesmo Deus

LUISA: O Diabo talvez

FLAVIO: O Diabo, o que você quer dizer

LUISA: O Diabo o inferno

FLAVIO: O inferno, se é o inferno estou pronto para acabar com todos os padres que cruzarão nosso olhar. Acabar com todos as caixas de ofertório, devorar as hóstias se precisar mas eu eu fico com você e com todos os demônios de nossas noites.

LUISA: Flavio
Eu preciso falar com você

Silêncio

FLAVIO: Olha não deixe seu rosto assim no silêncio
A sombra vai nos sepultar se ficarmos assim e vejo apenas alegria no nosso encontro. Fala me diz tudo o que lhe vier à cabeça nada pode vir sujar meu amor por você mas espera me dê mais um beijo

Isto ajuda você sabe os beijos ajudam e eu escutarei todas as suas palavras

Eles se beijam.

> Me diz agora o que é, o que eu já sei desse beijo
> Me beija nessas palavras

LUISA: Como dizer tudo sem que nada se revele

Dizendo tudo você me perderia e eu não sobreviveria

FLAVIO: Se você visse seus olhos você não sobreviveria

LUISA: Espera eu gostaria de falar de dizer, me explicar sabendo que me explicando eu posso destruir o que nos une

E abrindo seus olhos você não poderá mais dormir

FLAVIO: Eu não preciso mais dormir eu não preciso mais sonhar

Você é em si mesma meu descanso e minha noite.

LUISA: Você me seguirá por onde eu te levar e você não conhecerá mais o fim

Só o fim de nosso amor desgastado por todas essas coisas você que escutará dos meus beijos, Você escutará e você morrerá de tanto escutar pois você me vô linda mas eu não sou linda

Você tem que saber isso. Eu me tornarei grande e gorda como uma vaca, mais feia ainda que todos os pesadelos que você teve até agora e você terá inveja dessas noites passadas você implorará por essas noites que lhe molhavam de horror

Saiba que agora não tem mais descanso para você somente correntes e barulho dos monstros que as acompanham

Eu sou sua noite seu amor e seu diabo

Vem

Eles saem.

* * *

DEPOIMENTOS 5

A Testemunha Muda, Paul, Susan e Johan.

O GUARDA PAUL:	Do que você se lembra
JOHAN:	Eu me lembro dos pequenos pelos de barba de meu pai na pia do banheiro. Eu me lembro disso
PAUL:	Você entendeu direito, você também viu alguma coisa
JOHAN:	Os poemas e as canções são bem bons Mas eu ainda não tenho aquecimento em casa
PAUL:	Você não viu nada
JOHAN:	Vi, sim. Eu vi Era de noite e eu estava esperando
SUSAN:	O que você estava esperando

JOHAN: Eu não sei eu estava esperando não faz mal esperar

Eu não acho que seja um pecado esperar um homem mesmo se ele não existe eu espero por ele mesmo assim.

Para mim não é tão grave se eu fico sozinha esperando por horas na minha sacada

É o jeito que me olham que faz minha vida parecer culpada

SUSAN: Esse cara levou uma criança no fim do beco. Imagina se isso acontece também conosco

JOHAN: Eu não tenho vontade de falar com você

Não tenho nada a dizer mesmo se seu olhar insiste eu ainda não tenho nada a dizer. Eu desconfio do que você nos diz, eu desconfio do que você poderia me fazer dizer

PAUL: Você não quer falar

JOHAN: A você Paul eu gostaria de dizer algumas coisas agora eu não tenho mais vontade de dizê-las

Eu não sou suspeita. Eu posso ir embora

PAUL: [*com raiva, de repente*] Eu trabalho aqui eu faço meu trabalho eu faço mais do que meus horários de trabalho

Meu meio turno de trabalho não quer dizer mais nada

JOHAN: Pare. Você me faz rir Paul.

Você é tão ocupado fazendo nada no seu meio expediente que

	Demora uma semana pra trocar uma lâmpada
PAUL:	Por favor Johan Eu não falo nada de você
JOHAN:	Você é uma zeladora Paul uma zeladora

Ela sai.

* * *

A Jovem, Luisa e A Mãe

A MÃE:	Você não viu meu filho?
A JOVEM:	Eu não conheço você e menos ainda seu filho
A MÃE:	O que você está dizendo Claro que eu tenho um filho
A JOVEM:	Eu não o conheço
A MÃE:	Se você não o conhecesse a gente também não se conheceria E me parece que eu te conheço
A JOVEM:	É a idade, você pensa que são todas iguais
A MÃE:	Por que você fala comigo desse jeito
LUISA:	É assim que a gente fala por aqui A gente é a favor da degradação das relações Mãe Filha é assim Porque a gente faz isso em vez daquilo a gente não sabe

Nunca soubemos. Vem assim desse jeito

Sem distinção a gente está uma de frente para a outra e falar com você me incomoda

Essas coisas não são premeditadas é assim que acontece

É como se você fosse embora agora sem saber por que você vai embora e não há encontro entre nós, somente olhares sem encontro entre nós Mãezinha, você vai embora e fica o cimento e você passa com todos estes pequenos pensamentos estúpidos que vão invadir sua pobre cachola de velha e assim tranquilamente ao longo deste bonito caminho você vai poder pensar em todos os horrores que você quiser.

Vá, vá embora agora, está na sua hora, para casa Mãezinha

É o toque de recolher para as mamães

A MÃE [*à Jovem*] Se pelo menos eu pudesse me lembrar do seu nome

LUISA: Ela e eu somos iguais mas nesta hora a gente não se conhece mais

É o momento em que não podemos mais conversar em que não nos reconhecemos mais somente barulhos de palavras

Nada mais entra na cabeça é a hora terrorista mãezinha

Mas amanhã eu juro eu te juro eu estarei na cozinha bonita e limpa diante de minha xícara de café e terei os olhos do jeito que você gosta

E então eu te reconhecerei e nós nos beijaremos e nós teremos a mesma idade ou pelo menos a idade não terá mais importância e eu juro eu me aconchegarei no seu peito e você me reconhecerá e eu renascerei para o nosso amor

Mãezinha eu te amo mas vá embora, a hora escura chega cada vez mais rápido e eu não posso garantir nada do que vai acontecer. Fuja

A MÃE: Amanhã você diz?
Eu não quero te magoar mas eu não tenho nenhuma filha
Só um filho

LUISA: Você vê a memória já está te enganando
Volte rápido para casa Mãezinha logo será o seu caminho que você esquecerá
Até amanhã dê um beijo no pai

A MÃE: Nós não temos mais o pai
Minha criança seu pai morreu
Disso você também não se lembra

LUISA: Assim como você não se lembra mais de ter uma filha
Eu não me lembro mais do pai
Mas o tempo continua passando e logo eu não sei se no escuro eu poderei impedir meus braços de bater em você se você continuar se fazendo de acompanhadora solitária para nós. Vá embora

A MÃE: E meu filho

LUISA: Não sei se tenho um irmão mas se precisar encontrarei um que se pareça com ele e entregarei a você com minhas bagagens e de bom grado nós comeremos juntos quando esta noite voltar para o outro lado da terra

A Mãe querendo falar mas sem conseguir.

...

LUISA: Eu te amo
Nós te amamos Até amanhã

A MÃE: Sim sim. Até amanhã

A Mãe sai.

LUISA: Esta mãe ainda vai nos causar mais problemas

A JOVEM: Eu tenho vontade de me entregar
Preciso ver um padre
Me diga onde eu posso encontrar um padre

LUISA: Para fazer o quê
Acredite em mim e me diga o que te persegue

A JOVEM: Não eu não posso não para você
Me encontre um padre

LUISA: Você tem preferências, padre de cidade ou padre do interior?

A JOVEM:	Há tantas palavras que eu gostaria de tirar da minha boca
	Eu preciso de um filho do Senhor irmãzinha
	Faça isso por mim eu não te obrigo a acreditar
	Eu preciso eu te imploro eu preciso de perdão
	Depois eu farei o que você quiser mas é preciso que eu tire um pouco esta escuridão da alma
LUISA:	Que seja! Meu Deus!
	Trazer um padre de carne e osso para o prazer da senhorita vai custar caro a sua alma
	Resista ao inferno minha filha eu vou procurar o Deus

Ela sai.

* * *

Flavio e Emma, de madrugada.

FLAVIO:	Você não me pergunta de onde eu venho?
EMMA:	Não
FLAVIO:	Não se interessa em saber de onde eu venho
EMMA:	Talvez isso te interesse mas não me interessa

FLAVIO: E você o que você fez?

EMMA: Nada

FLAVIO: Nada

EMMA: É

FLAVIO: Você não me conta nada

EMMA: Na próxima vez

FLAVIO: Eu nunca encontrei alguém que tenha tanta coisa a dizer na próxima vez.

EMMA: Isso me permite imaginar...

FLAVIO: Imaginar o quê?

EMMA: Que terá uma próxima vez

FLAVIO: Então sou eu que conto,
Você quer que eu conte

EMMA: Sem dúvida você vai me machucar se eu pedir

FLAVIO: ...

EMMA: Pergunto se você vai me machucar
Sabe eu gosto que as pessoas se amem
Sabe se eu me calo é porque nada mais nos interessa aqui
Entretanto precisaria que alguma coisa fosse dita
Mas nada não se diz mais nada
Nada nos interessa mas precisaria entretanto que alguma coisa fosse dita

FLAVIO: Eu concordo

EMMA: Eu tenho ciúme. Tenho ciúme ao escutar você com uma outra pois você se entende com uma outra e é isso que você queria me dizer

E você não dorme mais isso se vê na sua cara

Faz permanentemente noite em você para que não tenha mais vontade de fechar os olhos

FLAVIO: Eu te admiro Emma

Calma Emma nunca uma palavra mais alta que a outra NUNCA

EMMA: Faz tempo que eu perdi a raiva

FLAVIO: Eu nunca vi uma garota tão resistente aos golpes como você

Eu sempre me pergunto "quando ela vai cair?"

EMMA: Eu caí muito mas você não estava lá nem quando eu caía ao seu lado você estava lá

FLAVIO: Eu gostaria de te ver cair, somente uma vez você não quer cair aqui um pouco diante de mim

Caia por favor

Caia eu te peço caia

CAIA MEU DEUS

Ela o olha e não deixa transparecer nada. Os olhos talvez alguma coisa da terra, ela o ama.

Ele sai correndo. E enquanto ela cai
Escuridão.

* * *

Asil e O Jovem. Tarde.

O JOVEM: Eu tenho vontade de imitar um pássaro
Asil vamos imitar os pássaros

Eles fazem uma posição de pássaro pronto para o voo, uma perna no chão e eles ficam assim um tempo olhando talvez o mundo embaixo deles.

O JOVEM: A gente saiu Asil, não estamos mais aqui, abandonamos a beirada e as pedras somente nossos rostos iluminados de luz
Sol. Eu abraço essa vida e eu deixo aos outros os excrementos terrestres de nossas gaiolas
Olha Asil esse mundo nos estende os braços
É preciso que a gente vá encontrar esses novos amores
Hoje o mundo me encanta Asil
Hoje eu morro aqui e eu estou nascendo do outro lado
Eu estou de ponta-cabeça para as pessoas daqui. O sangue me sobe

É por isso que é preciso abandonar esse concreto
E você vem comigo Asil
A gente triunfará além das nossas solidões

Asil parou de imitar um pássaro já faz um tempo.

ASIL:	PARE É justamente daqui que vêm nossas pedras
O JOVEM:	É justamente por isso que é preciso sair eu estou falando
ASIL:	Quando
O JOVEM:	Agora imediatamente a gente vai
ASIL:	Aonde
O JOVEM:	Ao outro lado exatamente do outro lado Os pés para cima
ASIL:	Não
O JOVEM:	Você é meu cúmplice Asil Você vem comigo
ASIL:	Você me irrita
O JOVEM:	Meu corpo está triste aqui Asil Eu não posso ficar
ASIL:	Não dá para mim
O JOVEM:	Por que meu caminho não dá para você Para você que é mais que meu irmão

Teremos uma nova vida longe de todos nossos sofrimentos e nós riremos juntos de nossas velhas errâncias

Vamos viver longe daqui eu não sinto mais essa terra sob nossos pés essa terra fede Asil

ASIL: Se você se sente morrendo aqui para mim aqui é onde eu me sinto vivendo melhor e quando você voltar se meu cheiro não lhe convier mais então você continuará seu caminho e nós nos olharemos de longe nossos velhos amores mas nós seremos sempre um do outro nascidos da mesma mão

Me deixa nesses cheiros eu prefiro apodrecer aqui eu já tenho asas muito estragadas como você quer que eu voe

Pequeno eu já joguei muito sal nas plumas dos pardais agora sou eu quem não sabe mais voar

Vá você

Depois de um longo silêncio

O JOVEM: Vamos imitar os pássaros Asil vamos imitar os pássaros

* * *

Susan sozinha.

SUSAN: Mais uma noite que se parece com a poeira
Paul

Eu não gosto desse silêncio
Esse silêncio causa desordem
Paul
Eu não sei qual preocupação me sobe à cabeça
Paul
Onde está ele Meu Paul
Já deveria estar de volta Eu não gosto disso
Tem hora para tudo e agora é hora da casa
Eu não vou ficar muito tempo sendo a idiota indo de um lado para o outro
Essa história já foi longe demais tem um momento em que é preciso abandonar a gente não pode punir todo o mundo
Um só já é o suficiente a gente mata um e dá o exemplo Paul
Não se pode matar todo mundo não se pode
É preciso fazer uma pausa um pouco de perdão com o olho firme
Dar tempo para as crianças fazerem carinho nos cachorros repor um pouco de alegria e de luz deixar surgir a esperança é preciso apertar as mãos chorar um pouco nossos mortos se abrir à nossas pequenas tristezas como antes da guerra
Eu gosto das pessoas Eu gosto da minha casa eu gosto do Paul eu gosto do

barulho eu gosto de comer eu gosto de festa é preciso amar as pessoas eu não posso punir as pessoas se eu não amo um pouco as pessoas um bom tapa sem um bom beijo não vale nada

Essa noite eu irritarei Paul para que ele me bata isso me acalmará e depois nós faremos amor e amanhã eu estarei muito bem disposta

Pronta a reflorescer nossa cidade

Um pouco de bom sentimento pelo amor de Deus

Eu preciso de bons sentimentos repor um pouco de desordem nos corações é preciso que eu aprenda a mimar as pessoas

Eu sou o bom humor Eu sou a nova mulher e eu conduzirei nossa cidade com felicidade

Eu sou os braços e o corpo da paz Sim nós estávamos doentes nós tínhamos medo de envelhecer acabou todo mundo sorri eu cuido de todo mundo e todo mundo me sorri eu sou bonita nós temos saúde todo mundo fala que nós temos uma aparência fantástica de crianças radiantes entramos no paraíso todo mundo fala e eu gosto do mundo meu combate é bom eu sou uma bela mulher eu estou aberta às pessoas e as pessoas me olham e me amam porque eu sou a própria bondade

Uma vez morto esse Jovem nós o ofereceremos ao mundo nós faremos a fogueira e nós queimaremos nossos defeitos e o grande casamento poderá começar

Mas eu ainda sinto raiva eu sou a raiva

É preciso matar morder todos os cachorros brandir as espadas atirar a pedra

Que derrubem os muros ruins da nossa cidade matar tudo isso que protege o jovem e gozar desta morte

Eu sou a heroína Deus guia meus passos

Eu sou linda

Paul entra.

SUSAN: Me bata Paul Me bata
Que meu sangue nos lave Paul me ame
E me bata
Bata até sangrar Paul

PAUL: Susan

SUSAN: Cale a boca Paul e me bata
Me bata
E me ame

* * *

INCANDESCÊNCIA

A Mãe encontra O Jovem.

Ele fecha os olhos ou não a olha ou os dois se misturam no decorrer da emoção.

A MÃE:	Filho, aonde você vai?
O JOVEM:	[*alto*] Como o tempo Mãe, Mamãe, Mãezinha como o tempo
	Não sabe mais ele vai Mãezinha como o filho não sabe mais onde ele está
	Onde o filho está morando
A MÃE:	O que você tem?
O JOVEM	[*talvez retomando a pergunta para si mesmo*] O que eu tenho Mãezinha?
	Tudo se confunde Mãezinha Tudo se confunde. Olhe minha cara
	Tenho um galo na cabeça
	Me olhe Mãezinha me olhe bem pois eu começo a desaparecer a voar o filho voa o filho. O mundo me desvanesce Mãezinha
A MÃE:	Meu filho
O JOVEM:	Eu estou te fazendo chorar? Você chora, você não chora
	Mãezinha
	Mamãe que não chora entretanto eu sinto em mim que ela deveria chorar
	Mamãe
A MÃE:	Por que você é assim?
O JOVEM:	Não diferente dos outros mas simplesmente diferente Mãezinha isso é tudo Me comporto como os outros Mãezinha
	É um galo que apodrece na minha cabeça, é o musgo que cresce, os vermes
	Eu tenho uma cara que rói as unhas

A MÃE: O que você fez?

O JOVEM: Boa pergunta
Eu fiz Mãezinha eu fiz
Fatos que fazem efeito Mãezinha
Eu sou um fazedor de fatos

A MÃE: Meu filho é a sua vez de me olhar

O JOVEM: Eu te vejo mamãe não é preciso olhar para você você tem a cara triste dos seus dias mais importantes você usou todos os enfeites de mamãe chorona

Eu vejo você se olhar e eu te amo mas não é bom por aqui ser filho ou

Mãe de um desaparecido abatido depois você tem muitos pretextos para todas as associações

Você contribui você contribui. E você paga você paga

A MÃE: Você tomou alguma coisa

O JOVEM: Ah essa pergunta

Se você nos desse alguns refrescos para irmos a fundo nessa pergunta fundamental. Meu filho é um alcoólatra?

Meu filho é um drogado? Meu filho é negro ou viado? Meu filho

Delinquente de terceira geração, uma honra para a família continuar o que o bom Pai, Deus engula sua alma, construiu

A MÃE: Não eu não disse nada disso eu não disse nada

O JOVEM: Você tem razão Essa pergunta não é compartilhável entre nós mas prejudicial, eu te amo de qualquer maneira

A MÃE: Por que você me enche a cabeça desse jeito

O JOVEM: Eu falo de onde você me nasceu Mamãe
AQUI nessa merda de porcos

A MÃE: Olha pra mim

O JOVEM: Não

A MÃE: Olha pra mim.

Tempo.

A MÃE: Minha criança

O JOVEM: Cego de você a criança eu o deformado
Pedra de um homem ainda não nascido
e eu faço amor com as pedras e depois
tem esse pedacinho da morte que eu
coloquei não sei mas onde que se colou sobre minha pele. Colado para não
mais esquecer o encontro mas apesar
de tudo eu esqueço onde eu colei para
não esquecer e eu esqueci essa tarefa

Silêncio.

O JOVEM: Agora eu conto até três e no três você
não está mais aqui
Se mesmo assim você estiver aqui eu
não respondo mais por mim, de nada
UM

Mais suave.

O JOVEM: Vá embora Mamãe
DOIS, fuja de mim. Eu te amo. Fuja
TRÊS,

Ela sai.
O Jovem abre os olhos.

O JOVEM: Me salve

4

Johan e A Testemunha Muda

JOHAN: Eu não sou feliz
Eu sou feliz
Aqui no meu lugar
Aqui no meio dessas vidas
Hoje todas as persianas estão abertas novamente
Eu fechei as persianas quando foi a minha vez
Eu sou um animal
Eu gostaria de ter amado
Me deitar nos braços do amante
Ser amada
Eu sou fêmea
Eu tenho uma boca mole, adolescente
Eu babo minha tristeza
Ela me caga sua vergonha
Eu sou fêmea

Para A Testemunha Muda

JOHAN: Você o homem
A gente se fala
A gente não se fala
Eu não sei. O que temos a nos dizer
Eu não sei
Parece que a gente tem coisa melhor para fazer do que se falar
Talvez devesse ter medo

A TESTEMUNHA MUDA: Por quê

JOHAN: Talvez seja você o matador de gente boa
Talvez seja você
Você sorri eu gosto disso é bom por aqui
Então o que você faz por aqui
Eu era enfermeira por causa dos jalecos brancos
Era isso que me agradava quando eu era pequena eu via essas mulheronas com jalecos brancos com essas coisas que escondem a boca e o chapéu na cabeça as luvas de plástico e as manchinhas vermelhas
As manchinhas vermelhas eu não sabia que eram sangue

A TESTEMUNHA MUDA: E agora

JOHAN: Você quer que eu tire a roupa para você

A Testemunha Muda sai.

JOHAN: Eu sou a boa garota preenchedora dos vazios de amor
Eu aqui
Me dê uma lembrança
Eu não sou feliz
Eu sou feliz

* * *

Mantra

Amanhecer. A Mãe sozinha. Essas primeiras palavras saem de sua boa como uma noite em claro.

A MÃE: Primeiro passo. Amanhecer. Novo.
Meu corpo está coçando e cobre meu espírito de fragilidade
Oh Manhã, Madrugada eu carrego dois corpos nas costas
Como meus passos pesam,
Isso me dói MUITO
Onde você está? Meu filho onde você se encontra?
Meu espírito não para de chorar por você, de lhe escorrer debaixo da minha pele
Sua ausência me faz tremer meu coração de mãe que queima por você
Você minha única alegria, meu sonho onde você está?
Por que você me deixa. Eu não sou tão velha eu tenho ainda meu seio cheio de leite
E a lembrança meu filho a lembrança você ainda corre nos meus pés com

seu riso de cachorrinho você mijava
nas minhas mãos eu lavava você nós
éramos soberanos em nossos amores

Onde você está? Meu filho. É Mamãe

Onde você se esconde? É a Mamãe
fala comigo diga que está tudo bem

É a Mamãe que eu me preocupo por
nada que eu sou uma idiota de Mãe
que se preocupa por nada

Uma Mamãe impossível devoradora de
criança

Eu aperto muito forte essa criança eu
a sufoco

Volta pra minha casa, nossa casa.

Para de se fazer "eu me preocupo com
a mamãe"

Eu não sei mais onde me sustentar

Eu ainda tenho vontade de secá-la de
lavá-la de lambê-la

Que ela me morda o seio que meu leite
escorra meu filho

* * *

Os Beligerantes: Paul, Susan, Emma, Johan, Luisa, Asil.
O Jovem, A Testemunha Muda.

LUISA: O Jovem. Raça de jovem. Cachorro de nada

A TESTEMUNHA MUDA: Ele O Jovem O que ele diz? Nada também

Em vez disso ele diz

O JOVEM: É. Eu fiz isso mesmo. Sim.
Eu levei ela para lá

       Eu peguei ela
       Atrás do beco. Sim

A TESTEMUNHA MUDA: Ele fala tudo isso, ele confessa sua mentira. Ele confessa sua morte
       O jovem fala tudo isso
       Os outros estão obcecados pela mentira

FLAVIO: O Jovem. Raça de jovem. Cachorro de nada

A TESTEMUNHA MUDA: O Jovem deve saber que todos eles mentem
       Já que nada corresponde com nada
       Ele deve saber
       Já que ninguém sabe realmente de qual desaparecimento se trata
       A Jovem do início não se mexe mais
       Olha para outro lado
       O jovem também não se mexe mais
       Os outros ainda estão obcecados
       A jovem que tinha visto alguma coisa chora
       Ele ri
       Ela vê agora o que talvez ela não tinha visto
       Alguma coisa leva a multidão
       O jovem é levado pela multidão para o fim do beco
       Eles raptam O Jovem no fim do beco

SUSAN: O Jovem. Raça de jovem. Cachorro de nada.

A TESTEMUNHA MUDA: Eles o levam

Flavio e Luisa levam O Jovem.

A TESTEMUNHA MUDA: Agora A Jovem tem certeza
No fim do beco alguma coisa vai acabar de desaparecer

Aparece a Mãe.

Ao redor dela Paul, Susan, Emma, Johan, Asil e A Testemunha Muda.

EMMA:	Seu filho
A MÃE:	Com quem eu posso falar aqui

Para Paul

A MÃE:	O que você é para não querer me escutar
PAUL:	Se você tivesse vindo mais cedo
	Ainda teríamos tempo de escutar você
	Agora é tarde demais
	Tudo está escuro ao redor de nós
	Eu não posso mais perder meu tempo com você
	Se eu falo com você eu não verei a noite chegar
	E suas palavras somente escurecerão
	Seus sentimentos
A MÃE:	O que você faz aqui
	Se é você que faz justiça o que você faz aqui

São os gritos da sua vítima que fazem nascer em você

A noite que nos rodeia Ainda dá tempo

De não deixar às mãos inocentes

A ignomínia que as palavras loucas guiadas pelo medo

creram como um dever divino até a cegueira

De todas as humanidades que governam nossas almas

Vingar um crime cujas pistas ignoramos.

Até onde podem perfurar todas as razões

Que uma mãe tem no coração

De saber que nenhuma das atrocidades às quais lhe são atribuídas

Carregam nelas a menor das verdades

Esse filho só tem em seu espírito o descuido de ter nascido aqui

Na escuridão e na sujeira das nossas cidades

Aqui se encontra o único crime que ele nunca cometeu

PAUL: Eu não te escuto

Você pode continuar falando assim até a exaustão

Até que nossos rostos desapareçam desse dia

Não há nada em suas palavras que possa nos reconciliar

Com o horror que tomou conta de seu filho

	Então fale fale se é isso que oferecerá um pouco de perdão
	Que você quer oferecer às suas dores de ter colocado no mundo
	Aquele que nós não podemos mais nomear
A MÃE:	Você Asil fale com ele diga a ele
	Como é reconfortante para você tê-lo como amigo
	Diga para ele o quanto ele alivia nossos sofrimentos
	Quando nada mais nos dá esperança
	Diga para ele tudo isso antes que seja tarde
	Asil eu não posso acreditar que você também foi traído pela palavra
	Que minhas mãos tenham acariciado sua cabeça tantas vezes
	E que nenhuma lembrança não faça você agir

Escuta-se um grito do Jovem ou então de Flavio.

JOHAN:	O que aconteceu com a sua língua Paul
	Você não encontra mais as palavras

* * *

CONFISSÃO

Luisa e Flavio.

FLAVIO: Você parece preocupada você olha sem parar para trás
Ninguém me viu e aqui ninguém suspeitará de nada
Sobre mim nem sobre você as mãos da cidade estão encharcadas

LUISA: Me escuta depois do que aconteceu
Minha irmã precisa de um homem de Deus
E se você não crê em Deus você pode fazer

FLAVIO: Fazer o quê?

LUISA: Ah nada de mais. Ela diz você escuta você absolve (o todo)
E está feito é simples

FLAVIO: Você quer que eu faça o homem de Deus

LUISA: É só para que ela se confesse depois a gente volta a sermos nós
Coloque um pouco de fé na sua alma olhe ela chegando

Entra A Jovem.

LUISA: E como vai minha irmã?

A JOVEM: Impossível falar Impossível escutar

	Nossas palavras são cinzas Quem é esse que te segue
LUISA:	O homem que você procura
A JOVEM:	Eu não procuro nenhum homem Quem é ele?
LUISA:	Um puro-sangue de Deus Ele é esse Libere-se absolva-se e volte para mim minha irmãzinha Nós temos coisas a fazer: O Jovem não corre mais Ele é seu eu o deixo aqui

Flavio se aproxima. Eles se olham.

A JOVEM:	A gente fica assim? Você não usa batina
FLAVIO:	Não
A JOVEM:	Posso falar com você como se fosse Deus
FLAVIO:	Estou aqui para isso
A JOVEM:	Você não me disse minha filha Eu achava que um homem como você na palavra de Deus diria "minha filha, minha criança" "Estou aqui para você, para te escutar minha criança"
FLAVIO:	Não. Agora não
A JOVEM:	Agora não

FLAVIO: Não

Silêncio.

Eu te escuto... Minha criança
A JOVEM: Como se fosse Deus

Ela olha para ele, nervosa.

A JOVEM: Me desculpe. Estou um caos
A gente faz assim aqui.

Ele não fala nada. Eles se olham, ela abaixa os olhos.

A JOVEM: Eu não posso, não aqui sob seu olhar assim aqui eu não posso eu vejo seus olhos, desculpe-me eu não posso
O que eu tenho a dizer pede mais escuridão
Minhas palavras não podem com tanta luz
O que eu tenho a dizer, Deus você é um homem de ajuda eu não posso dizer nada para você, seus olhos senhor meu Pai é preciso que eu lhe diga quanto essas palavras me custam, compreenda-me bem
Eu não posso ficar com essas palavras na minha boca

Leve-me para longe leve-me meu senhor e eu lhe direi tudo e rezarei

já que aquele por quem você apareceu vem em ajuda

Pois minha boca se entregou ao Diabo senhor me leve rápido

Eles saem.

* * *

Emma sozinha, Noite.

EMMA: [*com uma mochila.*] Em mim eu sinto a queimadura

Em mim eu sinto a solidão se espalhar

Noites obscuras à flor da pele

Agora, Cité onde se camuflam meus amores

Torrentes negras que deslizam pelas ruas

Sorrisos mascarados de não mais se ver

Qual charme violento tomou conta de suas ruas

Quais sombras espiam seus passos para que o mais bonito de nós se escureça e venha em nossas moradias trazer as lágrimas.

Eu tinha vindo lhe abraçar de meu suor de vida nas profundezas de sua alma

E o que eu vi. Não um Deus, não um diabo que fica por lá

Mas somente pequenas pessoas corroídas de raiva

Somente olhos perdidos, de braços sem amor.

E voa essa poeira, auréola que traça os caminhos perdidos.

Eu esquecerei o brilho do seu coração adormecido na cidade

Eu esquecerei aqueles que passam a vida a querer não ver

Eu parto e eu deixo para você um pouco da minha alma

Eu tenho os braços cheios de perturbações e uma paixão secreta

Que me une para sempre a sua noite

Tão longe eu estarei meus passos grudarão seus suspiros, como o carinho de uma amada jorraria em flores, na profundeza do seu coração

* * *

...CONFISSÃO (CONTINUAÇÃO)

Flavio e A Jovem.

Ele chora silenciosamente, ela está com os olhos fechados o corpo tranquilo, ela confessa. Ela confessou.

A JOVEM: Agora minha vida nesse mundo não está mais em perigo

Ele pega o braço dela e a obriga a se ajoelhar.

A JOVEM: Você está me machucando
Solte você está me machucando

FLAVIO: Reza puta reza
Em nome de Deus reza

Ele se ajoelha e reza agora a jovem tem a cabeça no chão. Eles rezam com violência. Eles rezam e escutamos com esforço: "Ave Maria cheia de graça o senhor é convosco..."

* * *

Os Beligerantes: Paul, Susan, Johan, Luisa, A Jovem, Asil, A Testemunha Muda, Flavio sem camisa.

A TESTEMUNHA MUDA: Claro que tinha esse sentimento estranho
Desde o início no rosto do jovem
É isso mesmo esse sentimento
Uma queimadura alguma coisa de estranho
Devia ter aparecido nesse rosto depois de alguma coisa
No final do beco os restos da multidão se enfureciam ainda
Ninguém pergunta
Se esse jovem e essa jovem mulher se conheciam
Me parece
Tê-los visto juntos se beijar
No fim do beco
Me parece

FLAVIO: [*para Luisa*] Você saia agora

Me deixe sozinho
Saia
Saia vá embora saia FORA

[*para A Jovem*] Você também saia.

[*para Susan*] E você também
Saia da minha vida

PAUL: O que está acontecendo?

FLAVIO: Você também
Você não fala nada e você sai como os outros
Saia. Saiam daqui
Desapareçam
FORA
Me deixem aqui sozinho
Sozinho
Vão embora eu falei embora
FORA FORA FORA

Eles saem. Talvez fique A Testemunha Muda.

FLAVIO: [*com os olhos para o céu fala*] O que eu fiz

Ao mesmo tempo ele se ajoelha e escurece lentamente.

Ao mesmo tempo, escutamos um Canto. O Coro dos Beligerantes.

FIM.

Nota das tradutoras:

Inadequações que possam ser observadas, como a quase ausência de pontuação do texto, são uma característica do estilo do autor, que buscamos manter na tradução.

Sobre a Coleção Dramaturgia Francesa

Os textos de teatro podem ser escritos de muitos modos. Podem ter estrutura mais clássica, com rubricas e diálogos, podem ter indicações apenas conceituais, podem descrever cenário e luz, ensinar sobre os personagens ou nem indicar o que é dito por quem. Os textos de teatro podem tudo.

Escritos para, a princípio, serem encenados, os textos de dramaturgia são a base de uma peça, são o seu começo. Ainda que, contraditoriamente, por vezes eles ganhem forma somente no meio do processo de ensaios ou até depois da estreia. Mas é através das palavras que surgem os primeiros conceitos quando uma ideia para o teatro começa a ser germinada. Bem, na verdade, uma peça pode surgir de um gosto, um cenário, um personagem, de uma chuva. Então o que seria o texto de uma peça? Um roteiro da encenação, um guia para os atores e diretores, uma bíblia a ser respeitada à risca na montagem? O fato é que o texto de teatro pode ser tudo isso, pode não ser nada disso e pode ser muitas outras coisas.

Ao começar as pesquisas para as primeiras publicações da Coleção Dramaturgia, na Editora Cobogó, em 2013, fui apresentada a muitos livros de muitas peças. Numa delas, na página em que se esperava ler a lista de personagens, um espanto se transformou em esclarecimento: "Este texto pode ser encenado por um ou mais atores."

Que coisa linda! Ali se esclarecia, para mim, o papel do texto dramático. Ele seria o depositório – escrito – de ideias, conceitos, formas, elementos, objetos, personagens, conversas, ritmos, luzes, silêncios, espaços, ações que deveriam ser elaborados para que um texto virasse encenação. Poderia esclarecer, indicar, ordenar ou, ainda, não dizer. A única questão necessária para que pudesse ser de fato um texto dramático era: o texto precisaria invariavelmente provocar. Provocar reflexões, provocar sons ou silêncios, provocar atores, provocar cenários, provocar movimentos e muito mais. E a quem fosse dada a tarefa de encenar, era entregue a batuta para orquestrar os dados do texto e torná-los encenação. Torná-los teatro.

Esse lugar tão vago e tão instigante, indefinível e da maior clareza, faz do texto dramático uma literatura muito singular. Sim, literatura, por isso o publicamos. Publicamos para pensar a forma do texto, a natureza do texto, o lugar do texto na peça. A partir do desejo de refletir sobre o que é da dramaturgia e o que é da peça encenada, fomos acolhendo mais e mais textos na Coleção Dramaturgia, fazendo com que ela fosse crescendo, alargando o espaço ocupado nas prateleiras das livrarias, nas portas dos teatros, nas estantes de casa para um tipo de leitura com a qual se tinha pouca intimidade ou hábito no Brasil.

Desde o momento em que recebemos um texto, por vezes ainda em fase de ensaio – portanto fadado a mudanças –, até a impressão do livro, trabalhamos junto aos autores, atores, diretores e a quem mais vier a se envolver com esse processo a fim de gravarmos no livro o que aquela dramaturgia demanda, precisa, revela. Mas nosso trabalho segue com a distribuição dos livros nas livrarias, com os debates e leituras promovidos, com os encontros nos festivais de teatro e em tantos outros palcos. Para além de promover o hábito de ler teatro, queremos pensar a dramaturgia com os autores, diretores, atores, produtores e toda a gente do teatro, além de curiosos e apreciadores, e assim refletir sobre o papel do texto, da dramaturgia e seu lugar no teatro.

Ao sermos convidados por Márcia Dias, curadora e diretora do TEMPO_FESTIVAL, em 2015, para publicarmos a Coleção Dramaturgia Espanhola na Editora Cobogó, nosso projeto não apenas ganhou novo propósito, como novos espaços. Pudemos conhecer os modos de escrever teatro na Espanha, ser apresentados a novos autores e ideias, perceber os temas que estavam interessando ao teatro espanhol e apresentar tudo isso ao leitor brasileiro, o que só fortaleceu nosso desejo de divulgar e discutir a dramaturgia contemporânea. Além disso, algumas das peças foram encenadas, uma delas chegou a virar filme, todos projetos realizados no Brasil, a partir das traduções e publicações da Coleção Dramaturgia Espanhola. Desdobramentos gratificantes para textos que têm em sua origem o destino de serem encenados.

Com o convite para participarmos, mais uma vez, junto ao Núcleo dos Festivais Internacionais de Artes Cênicas, do projeto Nova Dramaturgia Francesa e Brasileira, com o apoio da Comédie de Saint-Étienne – Centre Dramatique National, do Institut Français e da Embaixada da França no Brasil, reafirmamos nossa vocação de publicar e fazer chegar aos mais diversos leitores textos dramáticos de diferentes origens, temas e formatos, abrangendo e potencializando o alcance da dramaturgia e as discussões a seu respeito.

A criação do selo Coleção Dramaturgia Francesa promove, assim, um intercâmbio da maior importância, que se completa com a publicação de títulos de dramaturgas e dramaturgos brasileiros – muitos deles publicados originalmente pela Cobogó – na França.

É com a maior alegria que participamos dessa celebração da dramaturgia.

Boa leitura!

Isabel Diegues
Diretora Editorial
Editora Cobogó

Intercâmbio de dramaturgias

O projeto de Internacionalização da Dramaturgia amplia meu contato com o mundo. Através dos textos me conecto com novas ideias, novos universos e conheço pessoas. Movida pelo desejo de ultrapassar fronteiras, transpor limites e tocar o outro, desenvolvo projetos que promovem cruzamentos, encontros e incentivam a criação em suas diferentes formas.

Esse projeto se inicia em 2015 com a tradução de textos espanhóis para o português. Ao ler o posfácio que escrevi para a Coleção Dramartugia Espanhola, publicada pela Editora Cobogó, constatei como já estava latente o meu desejo de ampliar o projeto e traçar o caminho inverso de difundir a dramaturgia brasileira pelo mundo. Hoje, com a concretização do projeto Nova Dramaturgia Francesa e Brasileira, estamos dando um passo importante para a promoção do diálogo entre a produção local e a internacional e, consequentemente, para o estímulo à exportação das artes cênicas brasileiras. É a expansão de territórios e a diversidade da cultura brasileira o que alimenta meu desejo.

Um projeto singular por considerar desde o seu nascimento um fluxo que pertence às margens, às duas culturas.

A Nova Dramaturgia Francesa e Brasileira reúne o trabalho de dramaturgos dos dois países. Imaginamos que este encontro é gerador de movimentos e experiências para além de nossas fronteiras. É como se, através desse projeto, pudéssemos criar uma ponte direta e polifônica, cruzada por muitos olhares.

Como curadora do TEMPO_FESTIVAL, viajo por eventos internacionais de artes cênicas de diferentes países, e sempre retorno com o mesmo sentimento, a mesma inquietação: o teatro brasileiro precisa ser conhecido internacionalmente. É tempo de romper as fronteiras e apresentar sua potência e, assim, despertar interesse pelo mundo. Para que isso aconteça, o Núcleo dos Festivais Internacionais de Artes Cênicas do Brasil vem se empenhando para concretizar a exportação das nossas artes cênicas, o que torna este projeto de Internacionalização da Dramaturgia cada vez mais relevante.

O projeto me inspira, me move. É uma força ativa que expande e busca outros territórios. Desenvolver o intercâmbio com a Holanda e a Argentina são nossos próximos movimentos. O espaço de interação e articulação é potencialmente transformador e pode revelar um novo sentido de fronteira: DAQUELA QUE NOS SEPARA PARA AQUELA QUE NOS UNE.

Sou muito grata ao Arnaud Meunier por possibilitar a realização do projeto, à Comédie de Saint-Étienne – Centre Dramatique National, ao Institut Français, à Embaixada da França no Brasil, à Editora Cobogó, aos diretores do Núcleo dos Festivais Internacionais de Artes Cênicas do Brasil e a Bia Junqueira e a César Augusto pela parceria na realização do TEMPO_FESTIVAL.

Márcia Dias
Curadora e diretora do TEMPO_FESTIVAL

Plataforma de contato entre o Brasil e o mundo

Em 2015, o Núcleo dos Festivais Internacionais de Artes Cênicas do Brasil lançava, junto com a Editora Cobogó, a Coleção Dramaturgia Espanhola. No texto que prefaciava os livros e contava a origem do projeto, Márcia Dias, uma das diretoras do TEMPO_FESTIVAL, se perguntava se haveria a continuidade da proposta e que desdobramentos poderiam surgir daquela primeira experiência. Após três montagens teatrais, com uma indicação para prêmio,* e a produção de um filme de longa metragem, que participou de diversos festivais,** nasce um

---

* *A paz perpétua*, de Juan Mayorga, direção de Aderbal Freire-Filho (2016); *O princípio de Arquimedes*, de Josep Maria Miró, direção de Daniel Dias da Silva, Rio de Janeiro (2017); *Atra Bilis*, de Laila Ripoll, direção de Hugo Rodas (2018); e a indicação na Categoria Especial do 5º Prêmio Questão de Crítica, 2016.

** *Aos teus olhos*, adaptação de *O princípio de Arquimedes*, com direção de Carolina Jabor (2018), ganhou os prêmios de Melhor Roteiro (Lucas Paraizo), Ator (Daniel de Oliveira), Ator Coadjuvante (Marco Ricca) e Melhor Longa de Ficção pelo voto popular no Festival do Rio; Prêmio Petrobras de Cinema na 41ª Mostra São Paulo de Melhor Filme de Ficção Brasileiro; e os prêmios de Melhor Direção no 25º Mix Brasil e Melhor Filme da mostra SIGNIS no 39º Festival de Havana.

novo desafio: a Nova Dramaturgia Francesa e Brasileira. Esse projeto, que se inicia sob o signo do intercâmbio, dá continuidade às ações do Núcleo em favor da criação artística e internacionalização das artes cênicas. Em parceria com La Comédie de Saint-Étienne – Centre Dramatique National, Institut Français e Embaixada da França no Brasil, e, mais uma vez, com a Editora Cobogó, a Nova Dramaturgia Francesa e Brasileira prevê tradução, publicação, leitura dramática, intercâmbio e lançamento de oito textos de cada país, em eventos e salas de espetáculos da França e do Brasil.

Essa ação articulada terá duração de dois anos e envolverá todos os festivais integrantes do Núcleo. Durante o ano de 2019, os textos franceses publicados sob o selo Coleção Dramaturgia Francesa, da Editora Cobogó, percorrerão quatro regiões do país, iniciando as atividades na Mostra Internacional de Teatro de São Paulo (MITsp). A partir daí, seguem para o Festival Internacional de Teatro de São José do Rio Preto (FIT Rio Preto), Cena Contemporânea – Festival Internacional de Teatro de Brasília e Festival Internacional de Londrina (FILO). Depois, as atividades se deslocam para o Recife, onde ocorre o RESIDE_FIT/PE Festival Internacional de Teatro de Pernambuco e, logo após, desembarcam no Porto Alegre em Cena – Festival Internacional de Artes Cênicas e no TEMPO_FESTIVAL – Festival Internacional de Artes Cênicas do Rio de Janeiro. A finalização do circuito acontece no Festival Internacional de Artes Cênicas da Bahia (FIAC Bahia), em Salvador.

Em 2020, será a vez dos autores e textos brasileiros cumprirem uma agenda de lançamentos no Théâtre National de La Colline, em Paris, no Festival Actoral, em Marselha, em La Comédie de Saint-Étienne, na cidade de mesmo nome.

Confere singularidade ao projeto Nova Dramaturgia Francesa e Brasileira a ênfase no gesto artístico. A escolha de envolver diretores-dramaturgos para fazer a tradução dos textos para o português reconhece um saber da escrita do teatro que se constrói e amadurece nas salas de ensaio. Os artistas brasileiros que integram o grupo de tradutores são Alexandre Dal Farra, que traduz *J'ai pris mon père sur mes épaules*, de Fabrice Melquiot; Gabriel F., responsável por *C'est la vie*, de Mohamed El Khatib; Grace Passô, que traduz *Poings*, de Pauline Peyrade; a Jezebel de Carli cabe *La brûlure*, de Hubert Colas; Marcio Abreu se debruça sobre *Pulvérisés*, de Alexandra Badea; Pedro Kosovski faz a tradução de *J'ai bien fait?*, de Pauline Sales; Grupo Carmin trabalha com *Où et quand nous sommes morts*, de Riad Gahmi; e, finalmente, Renato Forin Jr. traduz *Des hommes qui tombent*, de Marion Aubert.

Outra característica do projeto é, ainda, a leitura dramatizada dos textos. Em um formato de minirresidência, artistas brasileiros, junto a cada autor francês, compartilham o processo criativo e preparam a leitura das peças. Cada um dos Festivais que integram o Núcleo apresenta o resultado desse processo e realiza o lançamento do respectivo livro. Será assim que as plateias francesas conhecerão *Amores surdos*, de Grace Passô; *Jacy*, de Henrique Fontes, Pablo Capistrano e Iracema Macedo; *Caranguejo overdrive*, de Pedro Kosovski; *Maré* e, também, *Vida*, de Marcio Abreu, *Mateus 10*, de Alexandre Dal Farra; *Ovo*, de Renato Forin Jr.; *Adaptação*, de Gabriel F.; e *Ramal 340*, de Jezebel de Carli, que serão dirigidos por artistas franceses.

Essa iniciativa convida a pensar sobre o papel do Núcleo no campo das artes cênicas, sobre seu comprometimento e interesse na produção artística. Temos, ao longo dos anos, promovido ações que contribuem para a criação, difusão, formação e divulgação das artes da cena, assumindo o papel de uma plataforma dinâmica na qual se cruzam diferentes atividades.

A chegada à segunda edição do projeto poderia sugerir uma conclusão, o porto seguro das incertezas da primeira experiência. Mas, pelo contrário, renovam-se expectativas. É das inquietações que fazemos nossa nova aventura, força que nos anima.

Núcleo dos Festivais Internacionais de Artes Cênicas do Brasil

Cena Contemporânea – Festival Internacional de Teatro de Brasília
Festival Internacional de Artes Cênicas da Bahia – FIAC Bahia
Festival Internacional de Londrina – FILO
Festival Internacional de Teatro de São José do Rio Preto – FIT Rio Preto
Mostra Internacional de Teatro de São Paulo – MITsp
Porto Alegre em Cena – Festival Internacional de Artes Cênicas
RESIDE_FIT/PE – Festival Internacional de Teatro de Pernambuco
TEMPO_FESTIVAL – Festival Internacional de Artes Cênicas do Rio de Janeiro

CIP-BRASIL. CATALOGAÇÃO-NA-FONTE
SINDICATO NACIONAL DOS EDITORES DE LIVROS, RJ

        Colas, Hubert
C65q   Queimaduras / Hubert Colas ; tradução Jezebel de Carli.- 1.
    ed.- Rio de Janeiro: Cobogó, 2019.
               124 p. ; 19 cm. (Dramaturgia francesa)
    Tradução de: La brûlure
    ISBN 978-85-5591-099-9

    1. Teatro francês. I. Carli, Jezebel De. II. Título. III. Série.

19-60162   CDD: 842
                                                                      CDU: 82-2(44)

Meri Gleice Rodrigues de Souza- Bibliotecária CRB-7/6439

Nesta edição, foi respeitado o Acordo Ortográfico da Língua Portuguesa
de 1990, que entrou em vigor no Brasil em 2009.

Todos os direitos em língua portuguesa reservados à
Editora de Livros Cobogó Ltda.
Rua Jardim Botânico, 635/406
Rio de Janeiro – RJ – 22470-050
www.cobogo.com.br

© Editora de Livros Cobogó

Texto
Hubert Colas

Tradução
Jezebel De Carli

Colaboração em tradução
Bia Isabel Noy
Marina Pelle

Editora-chefe
Isabel Diegues

Editora
Natalie Lima

Gerente de produção
Melina Bial

Revisão da tradução
Sofia Soter

Revisão
Mariana Delfini

Capa
Radiográfico

Projeto gráfico e diagramação
Mari Taboada

A Coleção Dramaturgia Francesa
faz parte do projeto
Nova Dramaturgia Francesa e Brasileira

Idealização
Márcia Dias

Direção artística e de produção Brasil
Márcia Dias

Direção artística França
Arnaud Meunier

Coordenação geral Brasil
Núcleo dos Festivais Internacionais
de Artes Cênicas do Brasil

Publicação dos autores
brasileiros na França
Éditions D'ores et déjà

Outros títulos desta coleção:

COLEÇÃO DRAMATURGIA FRANCESA

É A VIDA, de Mohamed El Khatib | Tradução Gabriel F.

FIZ BEM?, de Pauline Sales | Tradução Pedro Kosovski

ONDE E QUANDO NÓS MORREMOS, de Riad Gahmi | Tradução Grupo Carmin

PULVERIZADOS, de Alexandra Badea | Tradução Marcio Abreu

EU CARREGUEI MEU PAI SOBRE MEUS OMBROS, de Fabrice Melquiot | Tradução Alexandre Dal Farra

HOMENS QUE CAEM, de Marion Aubert | Tradução Renato Forin Jr.

PUNHOS, de Pauline Peyrade | Tradução Grace Passô

QUEIMADURAS, de Hubert Colas | Tradução Jezebel de Carli

COLEÇÃO DRAMATURGIA ESPANHOLA

A PAZ PERPÉTUA, de Juan Mayorga | Tradução Aderbal Freire-Filho

ATRA BÍLIS, de Laila Ripoll | Tradução Hugo Rodas

CACHORRO MORTO NA LAVANDERIA: OS FORTES, de Angélica Liddell | Tradução Beatriz Sayad

CLIFF (PRECIPÍCIO), de José Alberto Conejero | Tradução Fernando Yamamoto

DENTRO DA TERRA, de Paco Bezerra | Tradução Roberto Alvim

MÜNCHAUSEN, de Lucía Vilanova | Tradução Pedro Brício

NN12, de Gracia Morales | Tradução Gilberto Gawronski

O PRINCÍPIO DE ARQUIMEDES, de Josep Maria Miró i Coromina
Tradução Luís Artur Nunes

OS CORPOS PERDIDOS, de José Manuel Mora | Tradução Cibele Forjaz

APRÈS MOI, LE DÉLUGE (DEPOIS DE MIM, O DILÚVIO), de Lluïsa Cunillé | Tradução Marcio Meirelles

COLEÇÃO DRAMATURGIA

ALGUÉM ACABA DE MORRER LÁ FORA, de Jô Bilac

NINGUÉM FALOU QUE SERIA FÁCIL, de Felipe Rocha

TRABALHOS DE AMORES QUASE PERDIDOS, de Pedro Brício

NEM UM DIA SE PASSA SEM NOTÍCIAS SUAS, de Daniela Pereira de Carvalho

OS ESTONIANOS, de Julia Spadaccini

PONTO DE FUGA, de Rodrigo Nogueira

POR ELISE, de Grace Passô

MARCHA PARA ZENTURO, de Grace Passô

AMORES SURDOS, de Grace Passô

CONGRESSO INTERNACIONAL DO MEDO, de Grace Passô

IN ON IT | A PRIMEIRA VISTA, de Daniel MacIvor

INCÊNDIOS, de Wajdi Mouawad

CINE MONSTRO, de Daniel MacIvor

CONSELHO DE CLASSE, de Jô Bilac

CARA DE CAVALO, de Pedro Kosovski

GARRAS CURVAS E UM CANTO SEDUTOR, de Daniele Avila Small

OS MAMUTES, de Jô Bilac

INFÂNCIA, TIROS E PLUMAS, de Jô Bilac

NEM MESMO TODO O OCEANO, adaptação de Inez Viana do romance de Alcione Araújo

NÔMADES, de Marcio Abreu e Patrick Pessoa

CARANGUEJO OVERDRIVE, de Pedro Kosovski

BR-TRANS, de Silvero Pereira

KRUM, de Hanoch Levin

MARÉ/PROJETO bRASIL, de Marcio Abreu

AS PALAVRAS E AS COISAS, de Pedro Brício

MATA TEU PAI, de Grace Passô

ÃRRÃ, de Vinicius Calderoni

JANIS, de Diogo Liberano

NÃO NEM NADA, de Vinicius Calderoni

CHORUME, de Vinicius Calderoni

GUANABARA CANIBAL, de Pedro Kosovski

TOM NA FAZENDA, de Michel Marc Bouchard

OS ARQUEÓLOGOS, de Vinicius Calderoni

ESCUTA!, de Francisco Ohana

ROSE, de Cecilia Ripoll

O ENIGMA DO BOM DIA, de Olga Almeida

A ÚLTIMA PEÇA, de Inez Viana

BURAQUINHOS OU O VENTO É INIMIGO DO PICUMÃ, de Jhonny Salaberg

PASSARINHO, de Ana Kutner

INSETOS, de Jô Bilac

A TROPA, de Gustavo Pinheiro

A GARAGEM, de Felipe Haiut

SILÊNCIO.DOC, de Marcelo Varzea

PRETO, de Grace Passô, Marcio Abreu e Nadja Naira

MARTA, ROSA E JOÃO, de Malu Galli

MATO CHEIO, de Carcaça de Poéticas Negras

YELLOW BASTARD, de Diogo Liberano

SINFONIA SONHO, de Diogo Liberano

SÓ PERCEBO QUE ESTOU CORRENDO QUANDO VEJO QUE ESTOU CAINDO, de Lane Lopes

SAIA, de Marcéli Torquato

DESCULPE O TRANSTORNO, de Jonatan Magella

TUKANKÁTON + O TERCEIRO SINAL, de Otávio Frias Filho

SUELEN NARA IAN, de Luisa Arraes

2019
———————————

1ª impressão

Este livro foi composto em Univers.
Impresso pela gráfica Stamppa
sobre papel Pólen Bold LD 70g/m².